인생이 즐거워지고 비즈니스가 풍요로워지는
SNS소통연구소 교육 소개

현재 전국에 수백 명의 스마트폰 활용지도사 자격증을 취득한 뉴미디어 마케팅 전문 강사들이 강사로 활동 중에 있습니다.

● **스마트폰 활용지도사 2급 및 1급 자격증**
스마트폰 기본 활용부터 스마트폰 UCC, 스마트폰 카메라, 스마트워크, 스마트폰 마케팅 교육 등 스마트폰 전문 강사를 양성하고 있습니다.

● **유튜브 크리에이터 전문지도사 2급 및 1급 자격증**
유튜브 기본 활용부터 실전 유튜브 마케팅까지 실질적으로 도움이 되고 돈이 되는 교육을 실시하고 있습니다.

● **SNS마케팅 전문지도사 2급 및 1급 자격증**
다양한 SNS채널을 활용해서 고객을 유혹하고 매출을 증대시킬 수 있는 실전 노하우와 SNS마케팅 효과를 극대화하기 위한 광고 전략을 구축할 수 있는 노하우에 대해서 교육을 진행 하고 있습니다.

● **프리젠테이션 전문지도사 2급 및 1급 자격증**
기업체에서 발표자료를 만들거나 제안서를 만들 때 꼭 알고 활용해야 할 프리젠테이션 제작 노하우를 중점적으로 교육하고 있습니다.

● **스마트워크 전문지도사 2급 및 1급 자격증**
스마트폰 및 SNS를 활용해서 실전에 꼭 필요한 기능과 업무효율을 높일 수 있는 노하우에 대해 교육을 진행하고 있습니다.

● **디지털문해교육 전문지도사 2급 및 1급 자격증**
초등학교부터 대기업 임원을 포함한 퇴직 예정자들까지 디지털 기술 활용에 대한 교육을 진행할 수 있도록 디지털 문해교육 전문지도사가 교육하고 있습니다.

● **디지털범죄예방 전문지도사 2급 및 1급 자격증**
4차 산업혁명시대! 디지털리터러시 시대에 청소년부터 성인들에게 이르기까지 각종 디지털범죄로 인해 입을 피해를 방지하고자 교육합니다.

● **AI 챗GPT 전문지도사 2급 및 1급 자격증**
디지털 대전환시대에 누구나 배우고 익혀야 할 AI챗GPT 각 분야별 전문 강사를 양성하고 있습니다.

● **AI 활용 전문지도사 2급 및 1급 자격증**
AI 교육 및 응용 지원, 데이터 분석과 AI 모델 개발을 목적으로 등급에 따라 기초부터 고급 AI 교육을 제공하며, AI 프로젝트의 설계와 관리, AI 윤리와 법률 관련 교육을 제공하고, 기업을 위한 AI 전략 기획 및 컨설팅을 수행합니다.

● **노코딩 AI 데이터분석 전문지도사 2급 및 1급 자격증**
인공지능(AI)과 빅데이터의 핵심 개념과 기술을 토대로 데이터 리터러시 교육을 전문적으로 수행할 수 있는 지도자를 양성하고 데이터 분석 및 AI 기술의 활용 능력을 겸비한 전문가를 배출하여 다양한 교육 및 컨설팅 업무를 수행합니다.

SNS소통연구소는
2010년 4월부터 **뉴미디어 마케팅 교육(스마트폰, SNS 마케팅, 유튜브 크리에이터, 프리젠테이션, 컴퓨터 활용 등)**을 진행하고 있으며 5,200여명의 스마트폰 활용지도사를 양성해오고 있습니다. 현재 전국 67개의 지부 및 지국을 운영하고 있습니다.
📞 **교육 문의** 02-747-3265 / 010-9967-6654
✉ **이 메 일** snsforyou@gmail.com

디지털 시대를 여는 첫걸음

안녕하세요, 소중한 독자 여러분.

이 책은 부모님 세대와 시니어 실버 분들이 디지털 기술의 혜택을 쉽고 편리하게 누리며, 더 풍요롭고 행복한 삶을 살아가시도록 돕기 위해 준비되었습니다.

스마트폰 하나로 세상과 연결되고, 인공지능(AI)을 통해 일상이 더 편리해지는 시대입니다. 하지만 새로운 기술이 낯설고 어렵게 느껴져 고민이 많으신 분들도 계십니다. 그런 분들을 위해 친절하고 실용적인 안내서가 되어드리고자 합니다. 디지털 기술은 어렵게 느껴질 수 있지만, 알맞은 가이드를 통해 누구나 쉽게 배울 수 있는 도구입니다.

디지털 기술이 가져온 변화

디지털 기술은 우리 삶에 큰 변화를 가져다주고 있습니다. AI는 더 이상 미래의 기술이 아니라, 지금 이 순간에도 우리의 일상에 깊숙이 자리 잡고 있습니다.

예를 들어, AI 스피커를 통해 음성으로 간단히 음악을 재생하거나 날씨를 확인할 수 있으며, 자동 번역 앱은 해외여행 중 언어 장벽을 낮춰줍니다. 또, AI 기술이 적용된 자동화 가전제품은 집안일을 더욱 간편하게 만들어 줍니다. 스마트워치는 혈압이나 심박수를 실시간으로 확인하며, 생활 습관을 관리하는 데 도움을 주고 있습니다.

이처럼 AI 기술은 일상의 다양한 영역에서 유용하게 사용되고 있습니다. 그러나 이런 기술이 처음에는 낯설고 어렵게 느껴질 수 있습니다.

"내가 과연 이런 걸 할 수 있을까?"라는 걱정이 될 수도 있습니다.

이 책은 그런 부담을 덜어드리고, 디지털 기술을 더 친근하게 느끼실 수 있도록 돕고자 합니다. 기술은 어려운 것이 아니라, 여러분의 삶을 더욱 풍요롭고 편리하게 만들어줄 친구 같은 존재입니다.

실생활에 꼭 맞춘 AI 활용법

이 책에서는 처음 AI를 접하시는 분들도 쉽게 따라 하실 수 있도록, 아주 기본적인 것부터 차근차근 설명합니다. 스마트폰 갤러리에서 제공하는 간단한 AI 활용 방법부터 시작해, AI를 이용해 사진을 보정하거나 챗GPT로 대화를 나누는 법, 건강관리 앱을 사용하는 방법 외에 다양한 기능들을 다룹니다.

예를 들어, AI 사진 보정 앱을 사용하면 손쉽게 가족 사진을 멋지게 꾸밀 수 있도록 돕습니다. 챗GPT를 활용하면 궁금한 점을 물어보거나 여행 계획을 세우는 데 필요한 정보를 손쉽게 얻을 수 있습니다. 건강관리 앱은 걸음 수를 측정하고, 맞춤형 운동 계획을 제공해 건강한 생활을 지원합니다.

이러한 내용을 통해 독자 여러분께서 직접 실생활에 적용하고, 디지털 기술이 제공하는 편리함과 재미를 느끼실 수 있도록 구성하였습니다.

여러분과 함께 만들어가는 디지털 라이프

이 책은 무엇보다 독자 여러분의 눈높이에 맞추는 데 중점을 두었습니다. 어려운 기술 용어는 최대한 쉽게 풀어 설명하고, 각 장마다 따라 하기 쉬운 실습 예제를 포함하여 실질적인 도움을 드리고자 했습니다. 또한, 꼭 필요한 내용을 중심으로 구성하여, 읽으시는 동안 혼란을 줄이고 핵심을 빠르게 이해하실 수 있도록 했습니다.

여러분의 작은 호기심이 디지털 기술을 활용하는 큰 즐거움으로 이어지길 바랍니다. 이제, 디지털 세상을 향한 첫걸음을 함께 내디뎌 보세요. 여러분의 손끝에서 시작될 변화가 더 나은 미래를 만들어줄 것입니다. 이 책이 여러분의 새로운 도전과 가능성을 응원하며, 따뜻한 격려의 메시지를 전합니다.

"디지털 콘텐츠 그룹과 함께하는 AI 기반의 행복한 디지털 생활"

국내 최초!
국내 최고!

스마트폰 강사 자격증

● **스마트폰 활용지도사 자격증에 대해서 아시나요?**
과학기술정보통신부가 검증하고 한국직업능력개발원이 관리하는
스마트폰 자격증 취득에 관심 있으신 분들은 살펴보세요.

상담 문의
이종구 010-9967-6654
E-mail : snsforyou@gmail.com
카톡 ID : snsforyou

스마트폰 활용지도사 1급

● **해당 등급의 직무내용**
초/중/고/대학생 및 성인 남녀노소 누구에게나 스마트폰
활용교육 및 SNS 기본 교육을 실시할 수 있습니다.
개인 및 소기업이 브랜딩 전략을 구축하는 데 있어 저렴
한 비용을 들여 브랜딩 및 모바일 마케팅 전략을 구축할
수 있도록 필요한 교육을 할 수 있습니다.

제 2014-0001호

자 격 증

자 격 명 : 스마트폰 활용지도사 1급
인 증 번 호 : 제 2014-4976호
성 명 : 이 종 구
자격 관리자 : (주)다이비즈
자격 취득일 : 2014년 10월 22일

위 사람에게 과학기술정보통신부와 한국 직업능력개발원에서
관리하고 (주)다이비즈가 발행하는 스마트폰 활용지도사 자격증을
수여합니다.
스마트폰 활용지도사로써 대한민국 국민의 삶이 즐거워지고
1인 기업 및 소기업들에게 스마트워크 시스템 구축을 할 수
있도록 교육하여 일치 효율적과 효과성을 극대화하는데 기여하기
바랍니다. 또한 스마트폰 관련된 전반적인 업무처리와 SNS마케팅
관련된 내용을 이 기관에서 강의를 함에 있어 이 자격이 충분
하므로 이 자격증을 수여합니다.

2014년 10월 22일

과학 기술 정보 통신부
(주)다이비즈 대표 이종구

시험 응시료 : 3만원
자격증 발급비 : 7만원

● 종이 자격증 및 우단 케이스 제공
● 스마트폰 활용지도사 강의자료
　제공비 포함

스마트폰 활용지도사 2급

● **해당 등급의 직무내용**
시니어 실버분들에게 스마트폰 활용교육을 실시할 수 있습니다. 개인 및 소기업이 모바일 마케팅 전략을 구축하는데
있어 기본적인 교육을 할 수 있습니다. 1인 기업 및 소기업
이 스마트워크 시스템을 구축하는 데 제반 사항을 교육할
수 있습니다.

● **시험 일시** : 매월 둘째 주, 넷째 주 일요일 5시부터 6시까지 1시간
● **시험 과목** : 2급 – 스마트폰 활용 분야 / 1급 – 스마트폰 SNS마케팅
● **합격점수**
　1급 – 80점 이상(총 50문제 각 2점씩, 100점 만점에 80점 이상)
　2급 – 80점 이상(총 50문제 각 2점씩, 100점 만점에 80점 이상)

시험대비 공부방법
❶ 스마트폰 활용지도사 2급 교재 구입 후 공부하기
❷ 정규수업 참여해서 공부하기
❸ 유튜브에서 [디지털콘텐츠그룹] 채널 검색 후 관련 영상 시청하기
❹ 디씨플(dcgplatform.com) 사이트에서 [스마트폰 활용지도사] 검색 후
　수강합니다.

시험대비 교육일정
❶ 매월 정규 교육을 SNS소통연구소 전국 지부에서 실시하고 있습니다.
❷ 스마트폰 활용지도사 SNS소통연구소 블로그
　(blog.naver.com/urisesang71) 참고하기
❸ 디지털콘텐츠 그룹 사이트 참조(digitalcontentgroup.com)
❹ NAVER 검색창에 [SNS소통연구소]라고 검색하세요!

스마트폰 활용지도사 자격증 취득 시 혜택
❶ 디지털콘텐츠평생교육원 스마트폰 활용 교육 강사 위촉
❷ SNS소통연구소 스마트폰 활용 교육 강사 위촉
❸ 스마트 소통 봉사단에서 교육받을 수 있는 자격부여
❹ SNS 및 스마트폰 관련 자료 공유
❺ 매월 1회 세미나 참여 (정보공유가 목적)
❻ 향후 일정 수준이 도달하면 기업체 및 단체 출강 가능
❼ 매년 상반기 하반기 전국 워크샵 참여 가능
❽ 그 외 다양한 혜택 수여

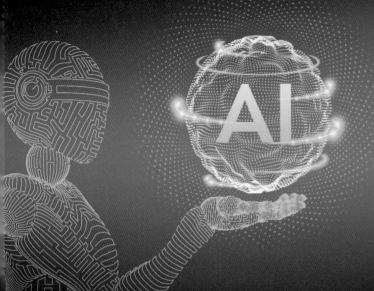

AI 챗GPT 전문지도사

2급 / 1급

AI챗GPT 전문지도사 시험
매월 첫째, 셋째 일요일
오후 5시~6시까지

AI 챗GPT 전문지도사가
일의 효율성과 효과성을 극대화 시키는데
도움을 드릴 수 있습니다!

AI 챗GPT 전문지도사 2급 및 1급

- ☑ **자격의 종류 :** 등록 민간자격
- ☑ **등록번호 :** 560-86-03177
- ☑ **자격 발급 기관 :** (주)디지털콘텐츠그룹
- ☑ **총 비용 :** 100,000원
- ☑ **환불 규정**
  - 접수 마감 전까지 100% 환불 가능(시험일자 기준 7일전)
  - 검정 당일 취소 시 30% 공제 후 환불 가능

시험 문의
(주)디지털콘텐츠그룹 (Tel. 02-747-3265)

SNS소통연구소 자격증 교육 교재 리스트

디지털 코칭 전문가들의 지침서
스마트폰 교육의 정석
스마트폰활용지도사 2급 교재

디지털 대전환 시대에 꼭 필요한
디지털 문해 교육의 정석(定石)
디지털문해교육 전문지도사 1급 교재

어르신들을 위한 스마트폰 기초 교
(개정증보판)
스마트폰 기초부터 기본 UCC 활용 책

스마트폰과 함께 떠나는
해외 여행 교과서
여행에 꼭 필요한 해외 여행 길라잡이

디지털 범죄예방 교육의 정석(定石)
디지털범죄예방 전문지도사 2급 교재

AI챗GPT는 컨설턴트
: 챗GPT를통한 효율적 컨설팅
AI 챗GPT전문지도사 1급 교재

스마트폰 하나면 나도 사진작가다
스마트폰 카메라 기초부터 활용까지

부모님을 위한 스마트폰 교과서
(개정증보판)
60+세대를 위한 가이드북

스마트폰 하나면
나도 유튜브 크리에이터다
유튜브크리에이터전문지도사 2급

SNS소통연구소 주요 사업 콘텐츠

디지털 콘텐츠 및 마케팅 교육 (일반 교육 및 자격증 교육 포함)

- 스마트폰활용지도사
- SNS마케팅전문지도사
- 스마트워크전문지도사
- 유튜브크리에이터전문지도사
- 프리젠테이션전문지도사
- 컴퓨터활용전문지도사

- 디지털범죄예방전문지도사
- AI챗GPT활용전문지도사
- AI활용전문지도사
- 노코딩AI데이터분석전문지도사
- 디지털과의존예방전문지도사
- 액티브시니어 AI리터러시전문가

※이 외 다양한 디지털 콘텐츠 분야 교육 가능

SNS소통연구소 지부 및 지국 활성화

- 2010년 4월부터 교육을 시작한 SNS소통연구소는
  현재 전국에 67개의 지부 및 지국을 운영 중

스마트폰 활용지도사
(국내 최초! 국내 최고!)

- 2014년 10월 스마트폰 활용지도사 민간 자격증 취득
- 2급과 1급 과정을 운영 중이며 현재 4,600여 명 이상 지도사 양성

실전에 필요한 전문 교육
(다양한 분야 실전 교육 중심)

- 일반 강사들에게도 꼭 필요한 전문 교육을 실시함
  (SNS마케팅, 스마트워크, 프리젠테이션, 컴퓨터 활용 등)

SNS소통연구소 출판사

- 2011년 11월부터 SNS소통연구소 출판사 운영
- 스마트폰 활용 및 SNS마케팅 관련된 책 53권 출판
- 강사들에게 필요한 다양한 분야의 책을 출간 진행 중

교육 문의

SNS소통연구소(직통전화) **010-9967-6654**
디지털콘텐츠그룹(직통전화) **02-747-3265**

지역사회 발전을 위해 사회복지사처럼
스마트폰 활용지도사가 필요합니다!

● 스마트폰 활용지도사란?

스마트폰 활용지도사는 디지털 사회에서 개인과 지역사회를 연결하는 **'디지털 복지사'**입니다.

사회복지사가 사회적 약자를 돕고 삶의 질을 높이는 데 중점을 두는 것처럼, 스마트폰 활용지도사는 디지털 소외 계층에게 스마트 기술을 안내하고 활용법을 교육하여 삶의 질을 향상시키는 역할을 합니다.

이들은 단순히 기술적인 도움을 주는 것을 넘어, 스마트폰을 통해 개인의 일상과 사회적 관계를 풍요롭게 만들고, 소상공인과 지역사회에 디지털 비즈니스 기회를 제공합니다.

스마트폰 활용지도사는 디지털 세상을 더 쉽고 친근하게 다가갈 수 있도록 돕는 **'디지털 시대의 조력자'**입니다.

SNS소통연구소 전국 지부 봉사단 현황	서울/경기북부	울산지부
	스마트 소통 봉사단	**스폰지**
	2018년 6월부터 매주 수요일 오후 2시부터 5시까지 스마트폰 활용지도사들이 소통대학교에 모여서 강사 트레이닝을 목적으로 운영되고 있음 (기관 및 단체 재능기부 교육도 진행)	매월 정기모임을 통해서 스마트폰 활용지도사의 역량개발과 지역주민들을 위해 스마트폰 활용 교육 봉사활동 진행
부산지부	**제주지부**	**경북지부**
BS모바일	**제스봉**	**스소사**
모든 것이 바라는 대로 이루어집니다! 매월 정기모임을 통해서 스마트폰 활용지도사의 역량개발과 지역주민들을 위해 스마트폰 활용 교육 봉사활동 진행	제주도 스마트폰 봉사단 매월 정기모임을 통해서 스마트폰 활용지도사의 역량개발과 지역주민들을 위해 스마트폰 활용 교육 봉사활동 진행	'스마트하게 소통하는 사람들' 경북지부 스마트폰 봉사단 매월 정기모임을 통해서 스마트폰 활용지도사의 역량개발과 지역주민들을 위해 스마트폰 활용 교육 봉사활동 진행
경기북부	**경기서부**	**대구지부**
펀펀 스마트 봉사단	**스마트 위드유**	**스마트 소통 약방**
'배우면 즐거워져요~' 경기북부 스마트폰 봉사단 매월 정기모임을 통해서 스마트폰 활용지도사의 역량개발과 지역주민들을 위해 스마트폰 활용 교육 봉사활동 진행	매월 정기모임을 통해서 스마트폰 활용지도사의 역량개발과 지역주민들을 위해 스마트폰 활용 교육 봉사활동 진행	매월 정기모임을 통해서 스마트폰 활용지도사의 역량개발과 지역주민들을 위해 스마트폰 활용 교육 봉사활동 진행

SNS소통연구소
전국 지부 및 지국 현황

서울
(지부장-이종구)

강남구 (지국장-최영하)	강동구 (지국장-윤진숙)	강북구 (지국장-명다경)	강서구 (지국장-문정임)	관악구 (지국장-손희주)
광진구 (지국장-최혁희)	금천구 (지국장-김명선)	동대문구 (지국장-조재일)	동작구 (지국장-최상국)	영등포구 (지국장-김은정)
마포구 (지국장-김용금)	서초구 (지국장-조유진)	송파구 (지국장-문윤영)	양천구 (지국장-송지열)	중구 (지국장-유화순)
종로구 (지국장-조선아)				

경기북부
(지부장-이종구)

의정부 (지국장-한경희)	양주시 (지국장-유은서)	동두천/포천 (지국장-김상기)	구리 (지국장-김용희)	남양주시 (지국장-정덕모)	고양시 (지국장-백종우)

경기동부
(지부장-이종구)

용인시 (지국장-김지태)

경기서부
(지부장-이종구)

시흥시 (지국장-윤정인)	부천시 (지국장-김남심)	광명시 (지국장-이명옥)	안산시 (지국장-권택현)

경기남부
(지부장-이중현)

수원 (지국장-권미용)	이천/여주 (지국장-김찬곤)	평택시 (지국장-임계선)	안성시 (지국장-허진건)	화성시 (지국장-한금화)

인천광역시
(지부장-이종구)

서구 (지국장-어현경)	부평구 (지국장-최신만)	중구 (지국장-조미영)	계양구 (지국장-전혜정)	연수구 (지국장-조예윤)

강원도
(지부장-장해영)

강릉시 (지국장-임선강)

충청남도
(지부장-김미선)

청양/아산 (지국장-김경태)	금산/논산 (지국장-부성아)	천안시 (지국장-김숙)	홍성/예산 (지국장-김월선)

대구광역시
(지부장-임진영)

대전광역시
(지부장-유정화)

중구/유성구 (지국장-조대연)

경상북도
(지부장-남호정)

고령군 (지국장-김세희)	경주 (지국장-박은숙)

전라북도
(지부장-송병연)

광주광역시
(지부장-이종구)

북구 (지국장-김인숙)

울산광역시
(지부장-김상덕)

동구 (지국장-김상수)	남구 (지국장-박인완)	중구 (지국장-장동희)	북구 (지국장-이성일)

부산광역시
(지부장-손미연)

사상구 (지국장-박소순)	해운대구 (지국장-배재기)	기장군 (지국장-배재기)	연제구 (지국장-조환철)	부산진구 (지국장-김채완)	북구 (지국장-황연주)

제주도
(지부장-여원식)

Contents

Contents

1강 AI의 기본 개념

AI란 무엇인가?

AI(인공지능, Artificial Intelligence)는 컴퓨터가 인간처럼 사고하고 학습하며 문제를 해결하도록 설계된 기술과 시스템을 말합니다. AI는 데이터를 분석하고, 패턴을 인식하며, 특정 작업을 수행할 수 있는 알고리즘과 모델을 기반으로 합니다.

1 똑똑한 도구

AI는 마치 사람의 머리처럼, 스스로 공부하고 생각하는 컴퓨터입니다.

예: 스마트폰 얼굴 인식을 통해 잠금을 해제하거나, 음성 명령으로 알람을 설정할 수 있는 기능.

2 배우는 컴퓨터

AI는 아기처럼 처음에는 아무것도 모르지만, 많은 데이터를 보고 배우면서 점점 똑똑해집니다.

예: AI가 수많은 사진을 보며 "이건 고양이, 저건 강아지"라고 구별하는 법을 배웁니다.

3 사람을 돕는 기술

AI는 사람을 대신해서 일을 빠르고 정확하게 처리합니다.

AI가 실생활에서 쓰이는 예시

자동차
자율주행 기술로
스스로 운전해
교통사고를 줄입니다.

의료
의사 대신 데이터를 분석해
질병을 진단하거나
치료법을 추천합니다.

스마트폰
음성 명령, 얼굴 인식,
문자 자동 완성 등을
제공합니다.

가전제품
AI로 작동하는 청소
로봇이나 스마트 냉장고가
집안일을 돕습니다.

AI 관련 용어

1 인공지능 (AI, Artificial Intelligence)

AI(인공지능)는 컴퓨터가 사람처럼 생각하고 문제를 해결할 수 있게 만든 기술입니다.
예전의 컴퓨터는 사람이 시키는 일만 할 수 있었지만, AI는 스스로 배우고 판단해서 더 똑똑하게 일을
처리합니다.

2 머신러닝 (Machine Learning)

컴퓨터가 스스로 배우는 방법으로 데이터에서 패턴을 학습하고 예측을 수행하는 AI의 하위 분야입니다.
우리가 사람들에게 새로운 것을 가르칠 때처럼, 컴퓨터에도 데이터를 보여주고 반복해서 훈련하면, 사람이
일일이 가르쳐주지 않아도, 컴퓨터가 많은 데이터를 보고 스스로 규칙을 찾아내고, 문제를 해결하거나 예측할
수 있게 만드는 기술입니다.

머신러닝을 배우는 컴퓨터의 과정

① 데이터 받기

컴퓨터에게 **"'강아지'와 '고양이' 사진을 많이 보여줘요."**

② 패턴 찾기

컴퓨터는 사진 속에서 공통된 특징 **(예: 고양이는 날씬한 몸, 강아지는 긴 귀)** 을 찾아내요.

③ 새로운 문제 풀기

이제 새로운 사진을 보여주면, 컴퓨터는 배운 것을 바탕으로 **"이건 강아지 같아"** 라고 말할 수 있어요.

3 딥러닝(Deep Learning)

딥러닝은 인공지능(AI)의 한 분야로, 컴퓨터가 사람의 뇌처럼 정보를 처리하며 스스로 배우는 기술입니다. 쉽게 말해, 딥러닝은 아기처럼 배우는 컴퓨터입니다. 처음에는 아무것도 모르는 상태로 시작하지만, 그림, 소리, 글자 등 다양한 것을 보여주면 점점 더 똑똑해져서 나중에는 새로운 문제도 척척 해결할 수 있게 됩니다.

딥러닝의 핵심 특징

① 사람의 뇌 구조에서 영감을 받음

딥러닝은 뇌의 신경망(뉴런) 구조를 모방한 인공신경망(Artificial Neural Network)을 사용합니다. 정보를 여러 단계로 나눠서 처리하는 방식으로, 점점 더 깊이 있는 분석을 합니다.

② 스스로 학습

많은 데이터를 보고 패턴을 찾아내며, 사람이 일일이 가르쳐주지 않아도 스스로 학습합니다.

③ 복잡한 문제 해결 가능

기존 AI로는 어려웠던 음성인식, 이미지 분석, 자율주행 같은 복잡한 문제를 해결할 수 있습니다.

④ 알고리즘(Algorithm)

컴퓨터가 문제를 푸는 방식이나 규칙입니다.

요리 레시피처럼, AI도 문제를 해결하기 위해 정해진 규칙(알고리즘)을 따라 작업합니다.

⑤ 데이터(Data)

AI가 배우기 위해 필요한 정보입니다.

AI가 음성을 알아듣도록 하려면, 사람들이 말하는 소리를 많이 들려줘야 합니다. 고양이와 강아지를 구별하려면 AI에게 사진을 많이 보여줘야 합니다. 그 사진이 바로 데이터입니다.

⑥ 컴퓨터 비전(Computer Vision)

컴퓨터가 이미지나 비디오에서 특정 객체를 식별하는 기술로 사람처럼 사물을 보고 이해할 수 있습니다. 카메라로 얼굴을 찍었을 때, AI가 "이건 김ㅇㅇ 씨입니다"라고 알아봅니다

⑦ 챗봇(Chatbot)

사람과 대화할 수 있는 AI 프로그램입니다.

은행 상담원 대신, 문자로 질문하면 대답해 주는 고객센터 AI입니다.

⑧ 빅데이터(Big Data)

매우 많은 양의 정보입니다.

사람들이 인터넷에 남긴 글, 사진, 영상 같은 방대한 정보를 분석해서 AI가 활용합니다.

AI는 왜 중요할까요?

AI(인공지능)가 현대사회에서 중요한 이유는 다양한 분야에서 더 효율적으로 일할 수 있게 돕고, 새로운 변화를 만들어내며, 우리의 삶을 더 편리하고 풍요롭게 만들어주기 때문입니다. 사람들이 더 편리하고 빠르게 일을 할 수 있도록 도와주고, 우리가 살고 있는 세상을 더 좋게 만드는 데 큰 역할을 하고 있습니다.

인공지능은 다양한 분야에서 사람들의 삶을 편리하고 효율적으로 만들어주고 있습니다.
아래는 AI가 실제로 활용되고 있는 주요 사례들입니다.

AI가 실생활에서 쓰이는 주요 사례

① 일상생활에서의 AI
- 스마트폰 잠금 해제 시 AI가 사용자의 얼굴을 인식해 보안을 유지합니다.
- 스마트 스피커는 사용자의 명령을 이해하고 날씨를 알려주거나 음악을 재생합니다.
  예: 구글 홈, 아마존 알렉사
- 유튜브, 넷플릭스, 스포티파이 등에서 사용자의 취향에 맞는 콘텐츠를 추천합니다.

② 의료 분야
- AI가 X-ray, CT, MRI 이미지를 분석하여 암, 심장병 등 질병을 조기에 발견합니다.
- 환자와 대화하며 간단한 증상 분석, 약 복용 알림 등을 제공합니다.
- AI가 기존 약물 데이터를 분석해 새로운 약물을 빠르게 설계합니다.

③ 자율주행 및 교통
- AI가 카메라와 센서를 통해 도로 상황을 분석하고 스스로 운전합니다.
  예: 테슬라, 구글 웨이모
- AI가 실시간으로 교통 데이터를 분석해 신호 체계를 최적화하고 교통 체증을 줄입니다.

④ 금융 및 비즈니스
- AI가 은행 거래 패턴을 분석해 이상 거래를 탐지합니다. 수많은 거래를 보고 "이런 거래는 사기일 가능성이 높아!"라고 알아낼 수 있습니다.
- AI 챗봇이 고객의 질문에 빠르게 답변하고 문제를 해결합니다.
  예: 카카오톡 상담봇, 은행 상담봇.

⑤ 농업 및 환경
- 드론과 AI를 사용해 작물 상태를 분석하고, 병충해를 조기에 발견합니다.
- AI가 쓰레기를 재활용할 수 있는 것과 그렇지 않은 것으로 자동 분류합니다.

천천히, 차근차근 따라 하면 누구나 할 수 있어요!

⑥ **엔터테인먼트 및 창작**

- AI가 새로운 음악, 그림, 영화 시나리오 등을 창작합니다.
  예: OpenAI의 DALL-E, Deep Art.
- AI가 만든 가상 인물이 SNS에서 활동하며 팬들과 소통합니다.

⑦ **유통 및 물류**

- AI가 물류 창고에서 물품을 분류하고, 드론으로 상품을 배송합니다.
- AI가 판매 데이터를 분석해 필요한 물건을 미리 준비하거나 과잉 재고를 방지합니다.
- 온라인 쇼핑몰에서 사용자가 관심 가질 만한 제품을 보여줍니다.

AI의 중요성 요약

AI는 단순히 기술적인 도구가 아니라 인간의 삶과 경제, 사회 전반에 혁신적인 변화를 불러오는 핵심 동력입니다. 이러한 기술을 올바르게 활용하면 더 나은 미래를 만들어갈 수 있습니다.

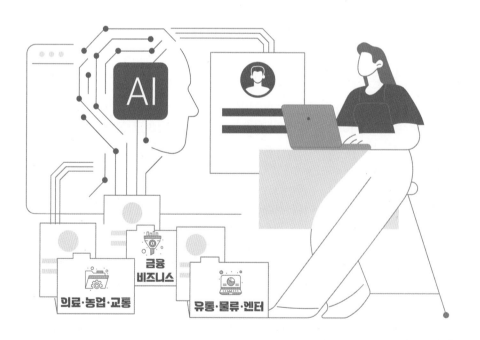

AI 발전 과정

AI(인공지능)는 시간이 지나며 점점 더 똑똑하고 유용하게 발전해 왔습니다. 약 70년의 역사를 거치며 예전에는 단순히 사람이 시키는 일만 했지만, 이제는 스스로 생각하고 판단할 수 있는 기술로 발전하였습니다.

● AI 발전사

시대	AI 발전단계	특징	예시
1950년대~ 1960년대	계산기 수준의 초기 AI	단순한 계산이나 규칙만 수행	숫자계산을 빠르게 처리하는 컴퓨터
1970년대~ 1980년대	체스를 두는 AI	게임규칙을 배우고 많은 경우의 수 계산	체스를 두는 AI 프로그램
1990년대	데이터 기반 학습의 시작	데이터를 입력받아 학습 가능	IBM의 딥블루가 체스 챔피언을 이김
2000년대	머신러닝 (Machin Learning) 도입	데이터를 스스로 분석하여 학습	이메일에서 스팸메일을 자동으로 구분
2010년대	딥러닝(Deep Learning) 등장	사람의 뇌를 본뜬 신경망으로 학습	스마트폰 얼굴 인식, 자율주행차 등장
2020년대	생활 속 AI	병원,공장,집 등 다양한 곳에서 실용화	스마트스피커, 의료진단, 로봇청소기

① **AI의 시작: 간단한 계산기 수준 (1950년대~1960년대)**

– 컴퓨터가 사람 대신 간단한 계산을 빠르게 해주는 역할을 시작했습니다.

• **예:** 수학 문제를 풀거나 숫자를 정리하는 단순한 업무.

• **특징:** 사람이 정해준 규칙만 따라야 했습니다.

② AI의 첫 번째 도전: 체스를 두는 컴퓨터 (1970년대~1980년대)

- 1970년대 AI의 겨울: AI 연구가 침체하는 시기

- 1980년대: 컴퓨터가 체스 게임에서 사람과 대결할 만큼 똑똑해졌습니다.

- **예:** 체스를 두는 AI 프로그램이 등장
- **특징:** 많은 경우의 수를 계산하면서 가장 좋은 방법을 찾으려 했습니다.

③ AI의 실험 단계: 규칙을 배우기 시작 (1990년대)

- 컴퓨터가 단순히 규칙을 따르는 것을 넘어서, 스스로 데이터를 보고 배우기 시작했습니다.

- **예:** 1997년 체스 챔피언 '가리 카스파로프'를 이긴 IBM의 컴퓨터 딥 블루
- **특징:** 많은 데이터를 입력해서 최선의 답을 찾았지만, 여전히 사람이 많은 도움을 줘야 했습니다.

④ AI의 새로운 도약: 머신러닝 등장 (2000년대)

- AI가 스스로 데이터를 분석하고 학습할 수 있는 기술(머신러닝)이 등장했습니다.

- **예:** 이메일에서 스팸(광고 메일)을 자동으로 구별하는 AI
- **특징:** 많은 데이터를 보면, 점점 더 똑똑해질 수 있습니다.

⑤ AI의 혁신: 딥러닝 기술 등장 (2010년대)

- AI가 사람의 뇌처럼 정보를 처리하며 더 똑똑해졌습니다.

- **예:** 2016년 바둑 이세돌 9단을 이긴 구글 딥마인드의 알파고(AlphaGo)

  자연어처리: 구글 번역, 챗봇 등 AI가 언어 이해에 두각을 나타냄
- **특징:** 스스로 생각하고, 더 많은 일을 할 수 있게 되었습니다.

⑥ 오늘날의 AI: 모든 곳에서 활용 (2020년대)

생성형 인공지능(Chat GPT, DALL-E 등)이 콘텐츠 제작과 창의적인 작업에서도 혁신을 이루고 있으며, AI는 지금 병원, 공장, 스마트폰 등 많은 곳에서 사람을 도와주고 있습니다.

- **예:** 병원에서 AI가 X-ray를 분석해 질병을 발견

  음성인식, 이미지분석, 자율주행 같은 복잡한 문제를 해결할 수 있습니다.
- **특징:** 우리 생활 속에 없어서는 안 되는 중요한 기술이 되었습니다.

액티브 시니어들을 위한 AI리터러시

현재 AI는 의료, 금융, 자율주행, 콘텐츠 제작 등 다양한 분야에서 실질적으로 활용되며 기술 발전이 가속화되고 있습니다.

하지만 데이터 편향, 사생활 침해, 일자리 대체 등의 문제 해결이 중요하게 되었습니다.

AI의 발전은 컴퓨팅 파워, 데이터, 알고리즘의 발전과 함께 이루어졌으며 앞으로도 인간의 삶에 더 큰 변화를 불러올 것으로 기대됩니다.

천천히, 차근차근 따라 하면 누구나 할 수 있어요!

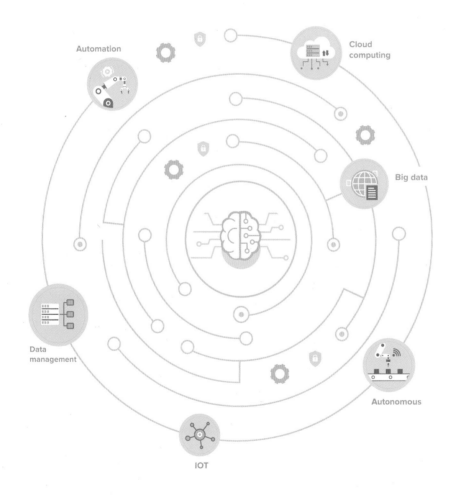

2강 AI의 작동 원리

 인공지능의 기능과 가능성

AI는 인간처럼 생각하고 행동하는 것처럼 보이도록 설계된 기술로, 이미지 인식, 언어 처리, 데이터 분석, 예측 등 다양한 문제를 해결합니다.

예를 들어, AI는 사진 속 동물을 구분하거나, 음성을 텍스트로 변환하고, 미래의 트렌드를 예측하는 데 사용될 수 있습니다.

AI는 이미지 인식, 언어 처리, 데이터 분석, 예측 등의 작업을 수행하며, 인간의 사고 과정을 기술적으로 구현하고자 하는 노력을 포함합니다.

예를 들어, AI는 고양이와 개를 구분하거나, 이메일을 스팸과 정상 메일로 분류하며, 주식 시장의 미래 변동을 예측할 수 있습니다.

이러한 작업은 데이터와 알고리즘, 컴퓨팅 기술을 활용하여 이루어집니다.

비유: AI는 요리사와 같다

- **데이터: 요리의 재료와 같습니다.** AI는 다양한 데이터가 있어야 학습을 통해 유용한 결과를 도출할 수 있습니다.
- **알고리즘: 요리의 레시피와 같습니다.** AI는 데이터를 처리하고 분석하기 위한 규칙과 절차를 따릅니다.
- **컴퓨팅 파워: 요리를 만드는 도구(오븐, 칼 등)와 같습니다.** 컴퓨터의 처리 능력은 AI가 복잡한 연산을 수행하는 데 필수적입니다.

요리사가 재료와 레시피, 도구를 사용해 음식을 만드는 것처럼, AI는 데이터와 알고리즘, 컴퓨팅 파워를 활용하여 문제를 해결합니다.

하지만 요리사가 처음부터 완벽한 요리를 만들지 못할 때도 있듯이, AI도 처음 학습 과정에서는 실수할 수 있습니다.

예를 들어, AI가 잘못된 데이터를 기반으로 학습하면 엉뚱한 결과를 도출할 수 있습니다. 이런 경우 요리사가 레시피를 수정하고 다시 시도하듯, AI도 데이터를 수정하거나 알고리즘을 조정하여 더 나은 결과를 얻도록 학습을 반복합니다.

AI의 작동 원리

AI는 여러 단계의 과정을 통해 작동하며, 이를 통해 데이터를 학습하고 응용합니다.

1 데이터 수집

AI의 첫 번째 단계는 데이터 수집입니다. AI가 효과적으로 학습하려면 다양한 출처에서 대량의 데이터를 확보해야 합니다.

예를 들어, 고양이와 개를 구분하려면 수천, 심지어 수만 장의 사진이 필요하며, 이 데이터는 AI의 학습 품질에 직접적인 영향을 미칩니다.

2 데이터 전처리

수집된 데이터는 정리되고, AI가 이해할 수 있는 형태로 변환되어야 합니다. 이는 데이터의 품질을 향상하고, 불필요한 정보를 제거하며, 데이터 분석을 용이하게 만드는 과정입니다. 전처리는 데이터 정규화, 결측값 처리, 이상값 제거 등의 작업을 포함합니다.

3 학습

AI는 데이터를 활용하여 패턴과 규칙을 학습합니다.

- **머신러닝:** 데이터를 기반으로 AI가 스스로 규칙을 발견하고, 이를 적용합니다. 예를 들어, 특정 단어가 포함된 이메일이 스팸일 가능성이 높은지 학습합니다.

- **딥러닝:** 인공 신경망을 활용하여 더 복잡하고 미묘한 패턴을 학습합니다. 이는 인간의 뇌 구조를 모방한 알고리즘으로, 다층 구조를 통해 이미지, 음성, 텍스트 등 다양한 형태의 데이터를 분석합니다.

4 결과 예측

학습된 모델은 새로운 데이터를 입력받아 결과를 예측하거나 결정을 내립니다.

예를 들어, 의료 AI는 환자의 증상 데이터를 분석하여 특정 질병에 걸릴 확률을 예측할 수 있습니다. 이 과정은 기존에 학습한 데이터와 패턴을 활용하여 이루어집니다.

AI와 인간의 차이점

AI와 인간의 차이는 여러 가지 측면에서 나타납니다.

특징	AI	인간
학습 방식	데이터와 알고리즘에 의존	경험과 직관에 기반
처리 속도	빠르고 반복적인 작업에 강함	창의적이고 감정적인 판단 가능
적응 능력	특정 작업에 특화	다양한 상황에서 적용 가능
에너지 소모	전기와 같은 물리적 자원 필요	생물학적 에너지(음식) 필요
혁신 가능성	주어진 데이터 내에서 최적화	새로운 아이디어와 창조 가능

AI는 대량의 데이터를 빠르게 처리하고 분석하는 데 강점이 있지만, AI에게는 인간만이 가진 창의적 사고와 감정적 판단 능력은 없습니다. 따라서 AI와 인간은 상호 보완적인 관계를 형성할 수 있습니다.

쉽게 이해할 수 있는 비유

AI의 개념을 이해하기 쉽게 설명하기 위해 몇 가지 비유를 사용할 수 있습니다.

1 AI는 학생

AI는 선생님(데이터)이 제공하는 정보를 배우고, 시험(새로운 데이터)에서 이를 기반으로 답을 도출합니다. 학습의 질은 선생님이 얼마나 잘 가르쳤느냐(데이터 품질)에 따라 달라집니다.

2 딥러닝과 뉴런 구조

- **뉴런 구조:** 인간의 뇌가 뉴런 간의 연결을 통해 정보를 처리하는 방식과 유사하게, 딥러닝은 데이터가 입력되면 각 층을 거치며 패턴을 학습합니다.

    이를 쉽게 이해하려면, 뉴런은 서로 연결된 전구처럼 생각할 수 있습니다. 한 전구가 켜지면 그 신호가 다음 전구로 전달되는 것처럼, 데이터는 여러 층을 거치며 점점 더 중요한 정보를 추출합니다.

    예를 들어, 고양이 사진을 입력하면 초기 층에서는 선과 색깔 같은 기본적인 특징을 감지하고, 이후 층에서는 눈, 코 등의 구체적인 형태를 분석하며, 마지막에는 고양이라는 결론에 도달합니다.

    딥러닝은 여러 층으로 구성된 뉴런 구조를 통해 데이터를 처리하고 분석합니다.
    이는 데이터를 받아들이는 입력층, 데이터를 처리하는 은닉층, 그리고 최종 결과를 내놓는 출력층으로 구성되어 있습니다.

이를 쉽게 이해하려면 다음과 같이 생각할 수 있습니다.

- **입력층:** 데이터를 받아들이는 단계로, AI에게 문제를 제시합니다.

  예시 고양이 사진의 픽셀 정보가 입력됩니다.
- **은닉층:** 데이터를 처리하고 중요한 패턴을 찾아내는 중간 단계입니다. 여러 층으로 구성될 수 있으며, 데이터를 분석하고 학습하는 주요 역할을 합니다.
- **출력층:** 최종 결과를 도출하는 단계로, 입력된 데이터를 바탕으로 AI가 결론을 내립니다.

  예시 고양이인지 개인지 결과를 제공합니다. 층이 많을수록 더 복잡한 문제를 해결할 수 있습니다.

3 AI는 탐정

AI는 단서를 모아(데이터 수집), 분석한 후(학습 및 예측) 사건을 해결합니다.

AI의 한계

AI는 놀라운 성과를 이루었지만, 여전히 한계와 도전 과제가 여전히 존재합니다.

① **데이터 품질 의존성:** AI는 학습 데이터의 품질에 크게 의존합니다. 예를 들어, 의료 AI가 편향된 데이터를 학습하면 잘못된 진단 가능성이 높아지고, 얼굴 인식 AI가 다양한 인종의 데이터를 포함하지 않으면 특정 인종의 얼굴을 인식하는 데 오류를 범할 수 있습니다. 이러한 문제는 AI의 신뢰성과 공정성을 저해할 수 있습니다. 데이터가 불완전하거나 편향적일 경우, AI의 성능도 저하될 수 있습니다.

② **투명성 부족:** 특히 딥러닝 모델은 "블랙박스" 문제로 인해, 결과를 도출하는 과정이 불투명할 수 있습니다.

③ **윤리적 문제:** AI의 사용이 개인정보 보호, 데이터 편향, 자동화로 인한 일자리 감소 등과 같은 윤리적 문제를 초래할 수 있습니다.

④ **창의력 부족:** AI는 주어진 데이터를 기반으로 학습하며, 인간처럼 새로운 아이디어를 창출하거나 감정을 이해하지 못합니다.

⑤ **에너지 소모:** AI 시스템은 학습과 예측 과정에서 막대한 계산 자원이 필요하며, 이는 환경적 영향을 미칠 수 있습니다.

AI는 데이터를 기반으로 학습하고 문제를 해결하는 기술로, 인간 지능을 모방하지만 여전히 인간의 고유한 능력을 완전히 대체할 수는 없습니다.
예를 들어, 의료 분야에서 AI는 의사가 질병을 진단하는 데 도움을 주지만, 환자의 감정을 이해하고 개인 맞춤형 상담을 제공하는 역할은 여전히 인간 의사가 수행합니다.

또한, AI가 공장에서 생산 공정을 최적화할 수 있지만, 창의적인 제품 설계와 혁신은 인간의 아이디어에 의존합니다. 이러한 협력을 통해 AI와 인간은 각자의 강점을 활용하여 더 나은 결과를 만들어낼 수 있습니다. 인간과 AI가 협력하여 서로의 강점을 보완하는 방향으로 발전하는 것이 중요합니다.

(3강) 우리 일상에서 AI는 어떻게 활용될까요?

스마트폰에 내장된 AI는 더 이상 복잡한 기술이 아닙니다. 일상생활에서 간단히 사용할 수 있도록 설계되어, 특히 시니어들에게 큰 도움을 줄 수 있습니다. AI는 음성비서, 카메라, 건강관리, 번역, 쇼핑 등 다양한 분야에서 우리의 삶을 편리하게 만들어줍니다. 디지털 기술이 점점 더 생활화되면서 우리의 일상을 한층 더 편리하게 변화시키고 있습니다. 아래는 시니어들이 AI를 이해하고 쉽게 활용할 수 있도록 정리한 내용입니다.

 음성비서 : 목소리로 스마트폰과 대화하기

음성비서는 스마트폰 속 디지털 도우미입니다. 사용자가 명령하거나 질문하면 AI가 이를 처리해 줍니다. 예를 들어, "내일 아침 9시에 알람 설정해 줘"라고 말하면 알람을 맞추고, "우리 동네에서 가까운 병원 찾아줘"라고 하면 정보를 제공합니다. 이런 간단한 명령은 스마트폰 사용이 익숙하지 않은 사람들에게도 매우 유용합니다.

1 주요 활용 기능

- **애플의 시리(Siri):** 애플 기기에서 기본 제공되며, 다양한 명령을 수행합니다.
- **구글 어시스턴트(Google Assistant):** 안드로이드 기기에서 사용 가능하고, 구글 생태계와 밀접하게 연동됩니다.
- **삼성 갤럭시의 빅스비(Bixby):** 삼성 스마트폰에서 사용 가능하고, 삼성 전용 기능과 호환됩니다.

2 사례

- **● 김 여사님의 하루 시작**
- "오늘 날씨 알려줘"라고 말하면 음성비서가 오늘의 날씨와 함께 우산이 필요한지 알려 줍니다.
- "오늘 뉴스 들려줘"라고 하면 최신 뉴스를 들려줘 TV를 켤 필요 없이 정보를 얻습니다.
- 운전 중에는 "우리 집까지 길 안내해 줘"라고 말해 안전하게 내비게이션 기능을 활용할 수 있습니다.

3 활용 팁

- 음성비서를 깨우는 호출어(예: "시리야", "하이 빅스비", "오케이 구글")를 연습하세요.
- 음성 명령으로 알람 설정, 날씨 확인, 일정 추가 등 간단한 기능부터 시작하세요.
- 글씨가 작아 보이거나 손이 자유롭지 않을 때 음성비서가 유용합니다.
- 천천히 말하고 명확한 발음으로 음성 명령을 전달하세요.

AI 카메라 : 사진과 정보의 똑똑한 도우미

스마트폰 카메라는 단순히 사진을 찍는 도구가 아닙니다. AI 기술을 활용하면 촬영한 사진을 자동으로 보정하거나 관련 정보를 제공받을 수 있습니다. 사진 촬영 이상의 가치를 제공하며, 실용성과 편리성을 동시에 제공합니다.

1 주요 활용 기능

- **문자인식(OCR):** 처방전, 영수증, 명함을 촬영하면 AI가 텍스트를 인식하여 저장하거나 공유할 수 있습니다. 손으로 기록할 필요 없이 디지털 문서로 변환할 수 있습니다.

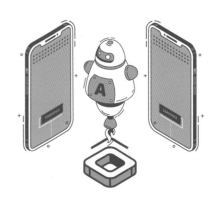

- **사진 보정:** 카메라 앱(B612, SNOW 등)을 사용해 얼굴 밝기, 주름 완화, 배경 흐림 효과를 적용할 수 있습니다. SNS 활동을 즐기는 사람들에게 특히 유용합니다.

- **실시간 번역:** 여행 중 메뉴판이나 간판을 촬영하면 AI가 번역해 줍니다. 외국어에 대한 걱정을 덜어주고, 여행을 더 즐겁게 만듭니다.

- **피사체 인식:** 음식, 꽃, 동물 등을 자동으로 인식해 관련 정보를 제공합니다. 예를 들어, 식물의 이름과 효능을 바로 알 수 있습니다.

2 사례

● 시장에 간 김 할아버지
- 낯선 과일을 촬영해 이름과 효능을 확인합니다.
- 음식 사진을 찍으면 AI가 요리법이나 열량 정보를 제공합니다. 이를 통해 건강한 식단을 관리할 수 있습니다.

● 여행 중인 박 여사님
- 해외여행 중 카메라로 간판을 찍으면 번역된 내용을 바로 볼 수 있어 언어장벽을 해결합니다. 번역 정확도가 높아 더욱 유용하게 활용할 수 있습니다.

3 활용 팁

- AI 카메라 앱(B612, SNOW, 구글 렌즈)을 설치하여 활용하세요.
- 여행 전에 구글 번역 앱을 다운로드하여 오프라인 번역 기능을 준비하세요.
- 실시간 번역 기능 사용 시 촬영 각도를 정확히 맞추는 것이 중요합니다.

건강관리 AI : 나만의 건강 도우미

AI는 건강을 관리하는 데 매우 유용하게 쓰여집니다. AI는 개인의 데이터를 분석해 운동 습관을 추천하거나 복약 시간을 알려주는 등 맞춤형 서비스를 제공하며, 이는 특히 노년층의 건강관리에 큰 도움을 줍니다.

1 주요 활용 기능

- **삼성 헬스(Samsung Health):** 걸음 수, 심박수, 수면 패턴을 분석하고 운동 목표를 제안하며, 기록된 데이터를 기반으로 실질적인 피드백을 제공합니다.
- **복약 관리 앱:** 복용 시간을 알림으로 알려주고 약물 간 상호작용을 점검해 줍니다. 약 복용 시간을 잊지 않고 관리할 수 있어 건강 유지에 효과적입니다.
- **의료 상담:** 간단한 증상을 입력하면 관련 정보를 제공하고 병원 방문 여부를 알려줍니다.

2 사례

● **최 여사님의 건강관리**
- "운동이 부족한데 어떤 운동이 좋을까?"라고 묻자, 삼성 헬스가 30분 산책을 추천합니다.
- "당뇨약 복용 시간이 언제지?"라는 질문에 복약 관리 앱이 알림을 제공합니다.
- AI가 수면 데이터를 분석해 더 나은 수면 환경을 조성하는 방법을 추천합니다.

3 활용 팁

- 일일 건강 데이터를 기록하고 AI의 피드백을 활용하세요.
- 혈압, 당뇨 등 주요 건강 데이터를 입력하여 맞춤형 관리 팁을 받아보세요.
- 운동을 시작할 때 자신의 체력에 맞는 강도부터 시작하세요.

 번역과 소통 AI : 언어장벽 허물기

번역 AI는 외국어를 번역하거나 소통을 도와줍니다. 이는 외국어에 익숙하지 않은 사람들에게 매우 유용하며, 글로벌 사회에서 중요한 역할을 합니다.

1 주요 활용 기능

- **구글 번역 (Google Translate):** 텍스트, 음성, 이미지를 즉시 번역합니다. 정확한 문장 구조를 제공하며 다양한 언어를 지원합니다.
- **네이버 파파고 (Papago):** 실시간 대화 번역 및 간단한 언어 학습 기능을 제공합니다. 한국어와 다양한 언어 간 번역이 가능합니다.
- **실시간 음성 텍스트 변환:** 소음이 심한 장소에서도 정확한 번역과 대화를 지원합니다.

2 사례

● 박 할아버지의 일본 여행

- 일본 라멘집에서 메뉴판을 촬영해 번역된 내용을 확인하고, 점원과 음성 번역으로 소통합니다.
- 도쿄 지하철 노선도를 촬영해 목적지를 쉽게 찾아갑니다.

3 활용 팁

- 번역 앱을 설치하고 자주 사용할 언어를 즐겨찾기에 추가하세요.
- 여행 전에 주요 언어 팩을 다운로드해 오프라인에서도 활용할 수 있도록 준비하세요.
- 외국어 공부와 병행해 AI 번역을 보조 수단으로 사용하세요.

AI 챗GPT 음성모드 : 실시간 대화의 새로운 가능성

AI 챗GPT의 음성모드는 사용자가 텍스트 입력 없이 목소리만으로 대화할 수 있도록 지원합니다. 이는 스마트폰 음성비서보다 더 자연스러운 대화와 깊이 있는 정보를 제공합니다.

1 주요 활용 기능

- **실시간 질의응답:** 복잡한 질문도 자연어로 대답하며, 일반 정보부터 심화한 내용까지 제공합니다.
- **학습과 교육:** 특정 주제에 대해 학습하거나 개인화된 교육을 받을 수 있습니다. 예를 들어, "AI란 무엇인가요?" 또는 "어제 뉴스 주요 내용을 요약해 줘"와 같은 요청이 가능합니다.
- **일정 관리:** 목소리로 일정을 추가하고 수정하거나 알림을 설정할 수 있습니다.
- **외국어 학습:** 발음을 연습하거나 실시간으로 교정받는 데 유용합니다.

2 사례

● 박 여사님의 활용

- "오늘 저녁 식사로 뭐가 좋을까?"라고 묻자, AI가 재료와 요리법을 추천합니다.
- "다음 주에 어떤 날씨가 예상되나요?"라는 질문에 자세한 주간 날씨를 안내합니다.
- 외국어 회화를 연습하며 발음 교정을 받아 영어 실력이 향상됩니다.

3 활용 팁

- AI 챗GPT 음성모드는 인터넷 연결이 필요하므로 안정적인 네트워크 환경에서 사용하세요.
- 질문을 명확하게 전달하면 더 나은 답변을 받을 수 있습니다.
- 외국어 학습이나 특정 정보 검색 시 구체적인 요청을 하면 더 효과적입니다.

쇼핑 AI : 스마트한 소비 도우미

AI는 소비자의 쇼핑 취향을 기억하고, 필요한 상품을 추천하거나 최저가를 찾아주는 데 도움을 줍니다. 이는 쇼핑 경험을 크게 향상합니다.

① 주요 활용 기능

- **쿠팡(Coupang)·네이버 쇼핑:** 자주 구매한 물건을 분석해 필요한 시기에 알림을 제공합니다.
- **가격 비교:** [다나와]와 같은 앱으로 여러 쇼핑몰의 가격을 비교합니다.
- **리뷰분석:** AI가 리뷰를 분석해 중요한 내용을 정리해 보여줍니다.

② 사례

● 김 여사님의 스마트 쇼핑

- AI가 "이번 주 날씨가 쌀쌀하니 따뜻한 코트를 추천합니다"라고 제안합니다.
- 공기청정기를 구매할 때 "필터값은 비싸지만, 성능이 우수하다"는 리뷰를 제공합니다.
- 할인 정보와 최저가를 추천받아 계획보다 저렴하게 구매했습니다.

③ 활용 팁

- 관심 상품의 카테고리를 설정해 개인화된 추천을 받아보세요.
- AI의 리뷰분석을 참고하되 최종 결정은 스스로 내리세요.

시니어들이 꼭 기억해야 할 팁

① 개인정보 보호
- 앱 설치 시 권한 요청과 개인정보 처리 방침을 꼼꼼히 확인하세요.
- 비밀번호는 어렵게 설정하고 공공 와이파이 사용 시 주의하세요.

② 기초부터 시작
- 음성비서로 알람 설정, 날씨 확인 등 간단한 기능부터 연습하세요.
- 카메라 AI로 문서 인식, 번역 등 실용적인 기능을 익히세요.

③ 꾸준히 배우기
- 하루 한 번 새로운 기능을 시도하며 작은 성공 경험을 쌓아보세요.
- 기술 변화를 긍정적으로 받아들이고, 필요한 부분부터 천천히 익혀가세요.

④ 도움 요청하기
- 가족, 친구, 강사, 동영상을 활용해 구체적으로 질문하세요.
- 문제를 혼자 해결하려고 하지 말고 전문가의 도움을 받으세요.

AI는 우리의 일상을 더 편리하고 풍요롭게 만들어주는 도구입니다. 스마트폰 AI를 적극적으로 활용해 디지털 생활을 즐겁게 시작해 보세요. 경험을 쌓아가며 AI가 제공하는 혜택을 만끽할 수 있을 것입니다.

1. AI(인공지능)의 정의로 올바른 것을 고르세요.

① 데이터를 무작위로 처리하는 시스템

② 컴퓨터가 인간처럼 사고하고 문제를 해결하도록 설계된 기술

③ 사람이 직접 명령해야만 작동하는 도구

④ 이미지를 저장하는 단순한 소프트웨어

2. 다음 중 'AI를 활용한 스마트폰 기능'이 아닌 것은?

① 음성 명령으로 알람 설정

② 얼굴 인식을 통한 잠금 해제

③ 사진 촬영 후 자동 보정

④ 직접 손으로 입력해 메시지 전송

3. 다음 중 AI의 활용 사례로 적합한 것은?

① 스마트폰이 사용자 음성을 이해하여 명령을 수행한다.

② AI가 사람의 창의성을 대체하여 직접 그림을 그린다.

③ 모든 작업을 자동화하여 사람이 더 이상 개입하지 않는다.

④ 데이터를 모으지 않고도 정확히 판단한다.

4. 다음 중 AI가 건강관리에서 할 수 있는 기능으로 맞는 것은?

① 복약 시간 알림을 제공한다.

② 개인 건강 데이터를 무작위로 삭제한다.

③ 운동 습관을 강제로 변경한다.

④ 직접 의사를 대신하여 진료한다.

5. AI 카메라를 사용하여 가능한 작업으로 올바른 것은?

① 음식 사진을 찍어 열량 정보를 확인한다.

② 사진을 수동으로 보정한다.

③ 카메라 앱 없이 사진을 찍는다.

④ AI 없이 사진의 정보를 분석한다.

6. AI 음성 비서의 주요 활용 사례는?

① 스마트폰을 수리한다.

② 사용자의 명령에 따라 날씨를 알려준다.

③ 데이터를 복구한다.

④ 모든 앱을 삭제한다.

정답 1.② 2.④ 3.① 4.① 5.① 6.②

말로 문자 보내기

1 카카오톡에서 ① [채팅, 혹은 오픈채팅]을 터치합니다. ② [메시지를 보낼 채팅방]을 선택합니다.

2 내비게이션 바의 왼쪽에 ① [마이크]를 터치하여 활성화합니다. **3** ① [마이크]가 파란색으로 활성화 된 후 말하는 내용이 텍스트로 입력됩니다. [마이크]를 다시 터치하여 종료합니다.

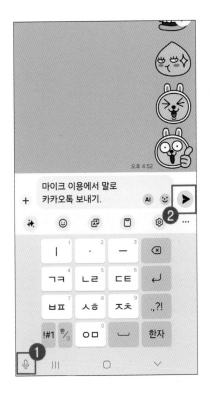
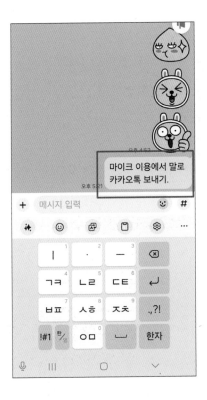

1 ① [마이크]가 회색으로 비활성화 된 후 오타나 추가할 내용을 확인하고 수정합니다. ② 비행기 모양의 [보내기]를 터치합니다.

2 말로 메시지 보낸 결과를 확인합니다.

[안드로이드 14버전에서 마이크 위치 찾기]

1️⃣ ① 내비게이션 바 왼쪽에 [마이크]가 있습니다. 2️⃣ 내비게이션 바 왼쪽에 키보드 아이콘이 보이는 경우 : ① [키보드 아이콘]을 길게 터치 합니다. 3️⃣ 팝업으로 나타나는 메뉴에 ① [음성 입력]을 터치하면 마이크가 나타납니다.

[안드로이드 14 버전에서 마이크가 안 보이는 경우]

1️⃣ ① 내비게이션 바에도, 키보드 어디에도 마이크가 보이지 않는 경우가 있습니다. 이런 경우 설정을 켜주어야 합니다. 2️⃣ 스마트폰 상단의 알림창을 쓸어내리면 우측 상단에 [설정] 아이콘이 보입니다.

3️⃣ [설정] 아이콘을 터치하고 들어간 후 [일반]을 클릭합니다

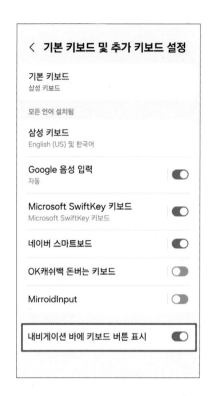

1️⃣ [기본 키보드 및 추가 키보드 설정]을 터치합니다. 2️⃣ [내비게이션 바에 키보드 버튼 표시]를 터치하여 활성화해 줍니다. 3️⃣ 카카오톡으로 돌아가서, 내비게이션 바 왼쪽에 나타난 ① [키보드] 아이콘을 길게 누른 후 [음성 입력]을 선택하면 마이크 아이콘이 나타납니다.

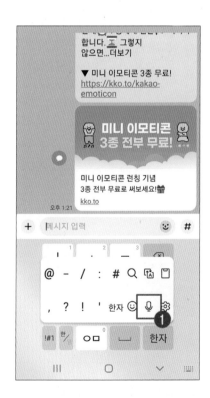

[안드로이드 14 이전 버전에서 마이크 위치 찾기]

1️⃣ 일반적으로 키보드 위쪽의 툴바에 ① [마이크]가 있습니다. 2️⃣ 툴바가 꺼져 있어 안 보이는 경우 ① [한자]를 길게 터치합니다. 3️⃣ 팝업으로 나오는 메뉴 중 ① [마이크]를 터치합니다.

네이버 렌즈

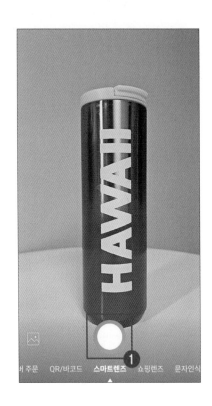

[스마트 렌즈]

1 네이버 앱을 열고 검색창 오른쪽 ① [**그린닷**] 아이콘을 터치합니다. **2** 그린닷이 열리면 ① [**렌즈**]를 터치합니다. **3** 검색할 물건을 렌즈에 비추고 ① [**촬영**] 버튼을 터치합니다.

1 사물을 인식하여 검색하면 결과를 보여줍니다. ① [**렌즈**] 아이콘을 터치하면 스마트렌즈 화면으로 이동합니다. **2** 스마트렌즈 화면에서 ① [**-**] 아이콘을 위로 쓸어올립니다. **3** 검색한 사물과 유사 이미지를 보여줍니다.

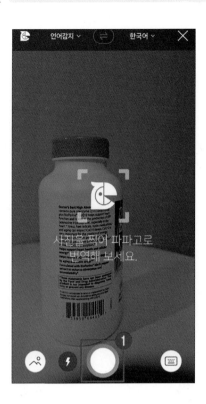
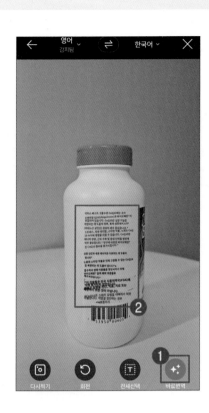

액티브 시니어들을 위한 시대타파서

[파파고번역]

1️⃣ 그린닷에서 ① [파파고번역]을 터치합니다. 2️⃣ 촬영을 위한 카메라가 열리면 번역이 필요한 부분을 비춘 후 ① [촬영] 버튼을 터치합니다. 3️⃣ 카메라가 언어를 감지하여 한국어로 번역을 해줍니다. ① [바로번역]이 파란색으로 활성화되어 있으면 번역할 내용이 그 위치에 그대로 ② 한국어로 바뀌어 나타납니다.

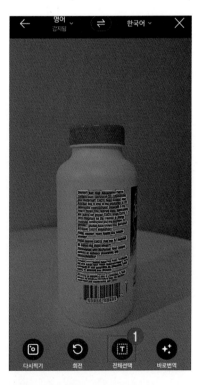
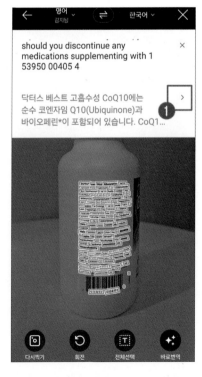
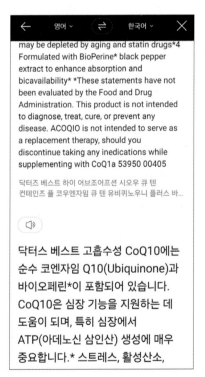

1️⃣ [바로번역] 아이콘을 다시한번 터치하면 비활성화됩니다. ① [전체 선택]을 터치합니다. 2️⃣ 글자로 인식한 부분이 모두 선택되며 위쪽에 원문과 번역문이 모두 나타납니다. ① [〉] 을 터치합니다. 3️⃣ 원문과 번역문 텍스트가 모두 보입니다.

[QR바코드]

1 그린닷에서 ① [QR바코드] 아이콘을 터치합니다. 2 카메라가 열리고 ① [+ 아이콘]과 QR코드 혹은 바코드가 겹치도록 합니다. 코드가 인식되면 제품명이 상단에 보입니다. ② [남양우유 이름]을 터치합니다. 3 검색 된 남양우유의 가격 비교 결과를 보여줍니다.

[음성 검색]

1 그린닷에서 ① [음성] 아이콘을 터치하고 "지금 인천의 날씨를 알려줘"라고 말합니다. 2 말한 내용이 텍스트로 나타나 확인할 수 있습니다. 3 사용자의 위치 기준으로 날씨 검색 결과를 보여주며 동시에 ① 음성으로 읽어줍니다. ② [CCTV] 아이콘을 터치해서 위치를 선택하면 그곳의 교통상황을 실시간으로 확인할 수 있습니다.

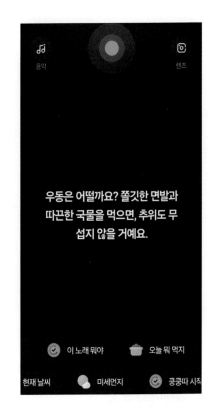

1️⃣ 사용자 위치 근처의 CCTV 영상을 확인할 수 있습니다.

2️⃣ ["서해안 고속도로 교통정보"]라고 검색한 결과입니다. 현재의 시간을 기준으로 교통 정보를 보여주며 동시에 음성으로 읽어줍니다.

3️⃣ ["오늘 뭐 먹을까?"]라고 질문했을 때의 결과입니다. 질문 내용에 따라 네이버 그린닷의 AI가 다양한 결과를 보여줍니다.

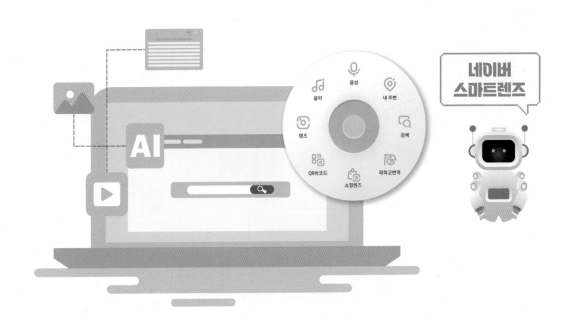

서클 투 서치

구글의 [서클 투 서치] 기능은 스마트폰 화면에 보이는 대상(이미지, 텍스트)을 직접 선택하여 검색하는 기능입니다. 이 기능은 One UI 6.1이 탑재된 갤럭시 S21~24, Z 플립3~6, Z 폴드3~6, 탭 S8~10 기종에서 사용할 수 있습니다. 서클 투 서치 사용을 위해 먼저 설정을 확인합니다.

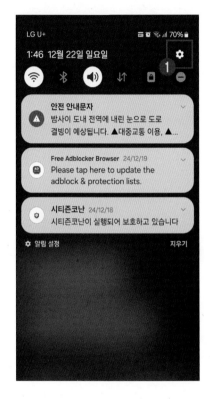
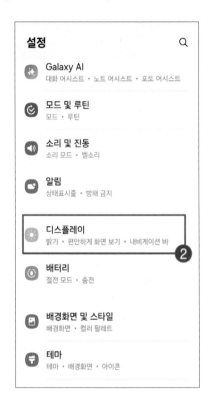

1 홈 화면의 알림창 부분을 쓸어내려 ① [설정] 아이콘을 터치합니다.

2 ② [디스플레이]를 터치합니다. **3** ③ [내비게이션 바]를 터치합니다.

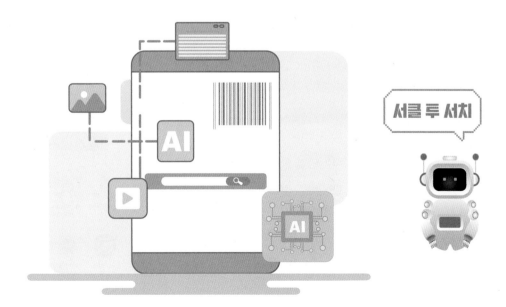

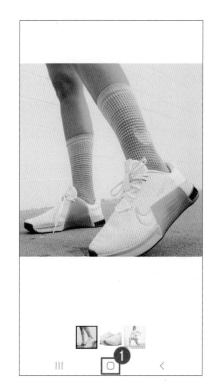
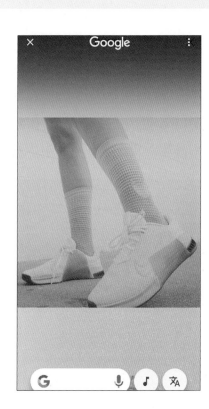

1️⃣ ① [서클 투 서치]를 터치하여 켭니다. 2️⃣ 이미지를 검색하기 위해서 ① [홈버튼]을 길게 터치합니다.
3️⃣ 서클 투 서치로 검색할 수 있는 화면이 나타납니다.

1️⃣ 운동화 부분을 손으로 따라 그립니다. 2️⃣ 그린 부분을 구글 검색한 결과가 화면 아래쪽으로 나타납니다.
① [공유] 아이콘을 터치합니다. 3️⃣ 공유 방법을 선택하면 PNG 이미지로 공유가 됩니다.

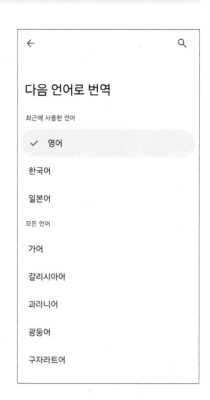

[텍스트 번역하기]

1️⃣ 스마트폰 화면에서 홈버튼을 길게 터치합니다. 서클 투 서치 화면이 나타나면 ① [번역] 아이콘을 터치합니다. 2️⃣ 화면에서 자동으로 한국어를 감지하고 영어로 번역이 됩니다. ② [영어]를 터치하면 모든 언어가 나타납니다. 3️⃣ 원하는 다른 언어를 선택할 수 있습니다.

[바코드 검색]

1️⃣ 바코드가 포함된 이미지를 홈버튼을 길게 터치해서 서클 투 서치 화면으로 넘어가면 ① [바코드 검색] 아이콘이 자동으로 나타납니다.

2️⃣ 바코드를 검색해서 검색 결과를 보여줍니다.

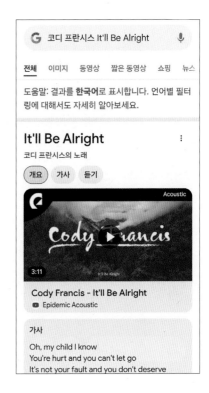

[음악 검색]

1️⃣ 서클 투 서치 화면에서 ① [음표] 아이콘을 터치합니다.

2️⃣ 노래를 부르거나 음악을 잠시 들려줍니다.

3️⃣ 몇 초 후 음악 검색 결과를 보여줍니다.

1. **스마트폰에서 음성으로 메시지를 보낼 때 필요한 첫 단계는 무엇인가요?**

   ① 마이크를 비활성화한다.

   ② 채팅방을 선택한다.

   ③ 내비게이션 바를 닫는다.

   ④ 비행기 모양의 아이콘을 누른다.

2. **네이버 렌즈를 활용하려면 가장 먼저 해야 할 일은?**

   ① 검색창에서 그린닷 아이콘을 누른다.

   ② 사물을 촬영한 후 저장한다.

   ③ 렌즈에 물건을 비춘 후 검색한다.

   ④ 검색 결과를 공유한다.

3. **파파고 번역 앱의 주요 기능은 무엇인가요?**

   ① 사진을 촬영해 텍스트를 번역한다.

   ② QR코드를 스캔해 번역한다.

   ③ 음성 검색을 활용한다.

   ④ 바코드를 인식한다.

4. **스마트폰에서 QR코드를 인식하려면 어떻게 해야 하나요?**

   ① 카메라 앱을 열고 촬영한다.

   ② 그린닷에서 QR바코드 아이콘을 누른다.

   ③ 음성 명령으로 QR코드를 찾는다.

   ④ 바코드 검색 아이콘을 누른다.

5. **서클 투 서치를 활용하려면 어떻게 시작해야 하나요?**

   ① 서클 투 서치 아이콘을 누르고 홈 버튼을 길게 누른다.

   ② 바코드 검색 아이콘을 선택한다.

   ③ 그린닷에서 번역 기능을 누른다.

   ④ 음악 검색 기능을 사용한다.

6. **스마트폰에서 음악 검색을 사용하려면 어떻게 해야 하나요?**

   ① 마이크 아이콘을 활성화한다.

   ② 서클 투 서치 화면에서 음표 아이콘을 누른다.

   ③ 텍스트 번역 아이콘을 선택한다.

   ④ 바코드 스캔을 실행한다.

정답   1 ②   2 ①   3 ①   4 ②   5 ①   6 ②

챗GPT 설치하기

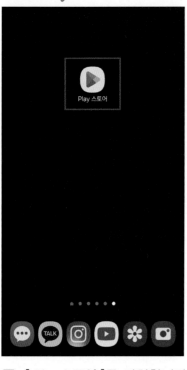

1️⃣ [Play스토어]를 터치합니다. 2️⃣ 화면 아래의 [검색]을 터치합니다.

3️⃣ 화면 상단의 [앱 및 게임 검색]을 클릭하여 검색창에 [챗GPT]를 입력합니다.

1️⃣ 상단 검색창에 [챗GPT]를 입력하여 앱 조회를 하고, 2️⃣ [챗GPT(OpenAI)]를 선택하여 설치합니다. 2️⃣ 설치가
완료되면 [열기]를 터치하여 실행합니다. 3️⃣ 구글 계정으로 챗GPT 회원가입이 되어 있다면, [Google로 계속
하기]를 터치하여 로그인합니다. 만약 회원가입이 되어 있지 않다면 아래와 같은 순서로 [회원가입]을 진행합니다.

챗GPT 회원 가입하기

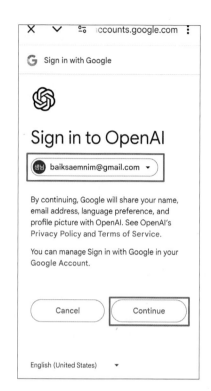

1️⃣ 챗GPT 첫 화면에서 [회원가입]을 터치합니다. 2️⃣ 구글 계정을 갖고 있다면 화면의 [Google로 계속하기]를 클릭합니다. (Microsoft 혹은 Apple 계정으로도 회원가입이 가능합니다.) 3️⃣ 보유하고 있는 [계정 이메일 주소]를 선택한 후 화면 하단의 [Continue]를 터치하여 다음 단계로 넘어갑니다. 만약 영어 문장을 한글로 보고 싶다면 아래와 같이 [한국어]를 선택합니다.

1️⃣ 화면 하단의 언어 선택에서 [한국어]를 선택합니다. 이후 [계속]을 클릭하여 진행합니다. 2️⃣ [성명과 생일]을 입력하고 [계속]을 클릭합니다. 3️⃣ 이후 회원가입이 완료되며 [무엇을 도와드릴까요?] 하는 안내 문구가 뜨면 질문을 입력하여 [챗GPT]를 시작합니다.

구글 계정 만들기

만약 구글 계정을 갖고 있지 않다면 아래와 같이 구글 계정 만들기부터 시작해야 합니다.

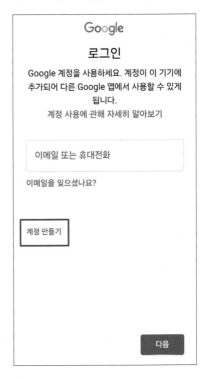

1️⃣ 로그인 화면에서 [계정 만들기]를 클릭합니다. 2️⃣ 직장용으로 구글 계정을 만드는 것이 아니라면 [개인용]을 클릭합니다. 3️⃣ [성명]을 입력합니다.

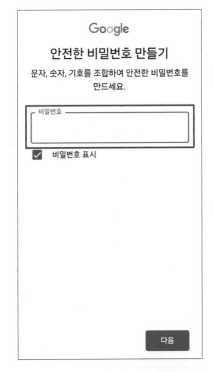

1️⃣ [생년월일과 성별]을 입력합니다. (13세 이하는 구글 계정을 만들 수 없습니다.) 2️⃣ [Gmail 주소 만들기]를 진행합니다. 추천되는 메일 주소를 선택해도 되고 본인이 직접 메일 주소를 만들어도 됩니다. 다만, 다른 사람이 보유하고 있지 않은 주소를 선택해야 합니다. 3️⃣ 문자, 숫자, 기호를 조합하여 안전한 [비밀번호]를 만듭니다.

1️⃣ [계정 정보 검토] 단계에서 현재까지 만들어진 이름과 Gmail 주소를 확인할 수 있습니다. 2️⃣ [개인 정보 보호 및 약관]에서 ① 해당 항목에 각각 동의 한 후, ② [계정 만들기]를 터치하여 구글 계정 만들기를 완료합니다. 3️⃣ 이후 [챗GPT 회원가입] 단계로 돌아가 생성된 Gmail로 회원가입을 진행합니다.

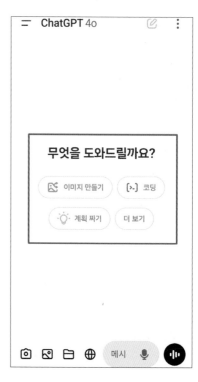

1️⃣ [계정 만들기] 단계에서 [Google로 계속하기]를 선택합니다. 2️⃣ [챗GPT]에서 로그인 시 사용할 구글 계정이 보이며, 이전 단계에서 만들어진 계정을 선택합니다. 기존에 만들어진 다른 구글 계정을 선택할 수도 있습니다. 3️⃣ 해당 계정으로 로그인이 되면서 [챗GPT]가 시작됩니다.

고급 음성모드 시작하기

챗GPT 음성 모드는 모바일 및 데스크톱에서 제공되며, [표준 음성]과 [고급 음성]으로 나뉩니다. 표준 음성은 모든 로그인 사용자에게 제공되며, 고급 음성은 Plus, Pro 및 Team 사용자에게 제공되고 있습니다. 고급 음성은 일일 사용 제한(45분)이 있으며 무료 사용자에게는 월별 미리보기 형태로 짧게 제공되고 있습니다. 고급 음성 모드는 종료 15분 전에 화면에 알림을 띄워주며, 이후 표준 음성으로 전환됩니다.

고급 음성은 GPT-4o 기술을 사용하여 단순히 음성으로 말하고 듣는 것뿐 아니라 비디오, 화면 공유, 이미지 업로드 같은 다양한 기능을 지원합니다.

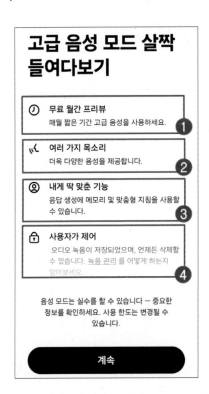

1️⃣ 화면의 중간 우측에 있는 음성 아이콘이 [**음성모드**]입니다. 2️⃣ 음성모드에 처음으로 들어갔다면 간단한 고급 음성 모드 소개 화면이 나옵니다.

① **무료 월간 프리뷰**: 무료 사용자의 경우 매월 짧은 시간 동안 고급 음성 모드를 사용할 수 있습니다.

② **여러 가지 목소리**: 음성 모드에서 대화할 수 있는 AI 음성을 선택할 수 있습니다. 음성은 남/여 및 다양한 음성톤이 따라 9가지의 종류가 있습니다.

③ **내게 딱 맞춘 기능**: 응답 생성에 필요한 메모리 및 맞춤형 지침을 사용할 수 있습니다.

   – 챗GPT 설정에서 필요한 **맞춤형 지침**을 넣을 수 있습니다.

④ **사용자가 제어**: 대화한 오디오는 자동으로 저장되며, 언제든 재생 및 삭제가 가능합니다.

3️⃣ 고급 음성 모드 소개 화면을 본 뒤, 아래의 [**계속**] 버튼을 누르면 대화하고 싶은 음성을 선택할 수 있습니다. 9가지의 다양한 음성을 듣고 선택할 수 있습니다. 그 다음 [**완료**]를 누르면 음성으로 대화를 시작합니다.

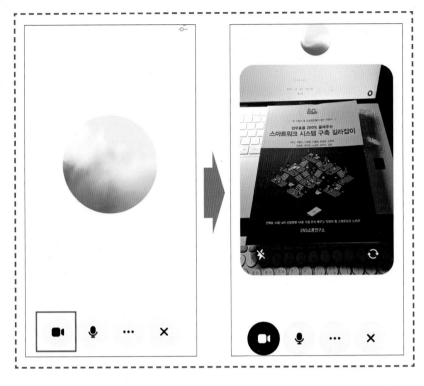

1️⃣ 고급 음성 대화를 시작하면 중앙에 [푸른 구슬]이 있는 화면으로 이동하게 됩니다. 화면 하단의 [카메라]를 선택하면 비디오 기능이 제공되며 화면에 보이는 영상으로 AI와 대화를 할 수 있습니다. 이 기능은 모바일 앱에서만 제공됩니다. 2️⃣ 카메라 아이콘 옆에 [마이크] 아이콘은 마이크 음성을 [켜기 / 끄기] 할 수 있습니다.

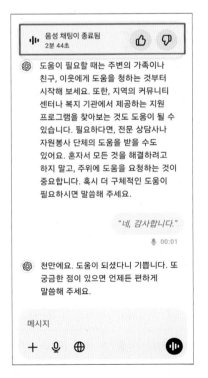

1️⃣ 챗GPT 시작 화면에서 [음성 아이콘]을 누르고 [푸른 구슬]이 보이면 대화를 시작합니다. 2️⃣ 대화를 종료하려면 하단의 아이콘 중 [X]를 클릭하면 음성모드를 종료합니다. 3️⃣ 음성모드를 종료하게 되면 화면에 [총 대화 시간]이 표시 되고, 대화한 내용을 길게 눌러 재생하여 들을 수 있습니다.

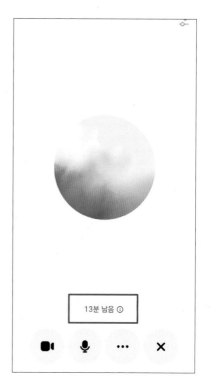

웹툰 시니어들을 위한 AI 리터러시

1 고급 음성 모드는 유료 사용자에게 오픈되며, **Plus 사용자**의 경우 [하루에 45분] 사용할 수 있습니다. 사용 가능 시간이 **15분 남았을 때** 줄어드는 시간을 화면에서 확인할 수 있습니다. **2** 고급 음성모드 사용 시간을 초과하면 [표준 음성 모드]로 전환되며, **3** 표준 음성 모드에서는 [**검은색 구슬 모양**]을 볼 수 있습니다. 참고로 [Pro로 업그레이드]를 하면 무제한으로 고급 음성 모드를 사용할 수 있습니다.

1 하단의 [점 3개]아이콘을 누르면 [**화면공유**], [**사진업로드**], [**사진촬영**]을 선택할 수 있습니다.

2 [**화면공유**]를 선택 후 [**시작하기**]를 누르면, 스마트폰 화면에 띄워지는 내용으로 AI와 대화할 수 있습니다.

3 하단의 [**화면 공유 중**] 버튼을 누르면 화면 공유가 중지됩니다.

고급 음성 모드 [화면공유] 실습하기

– 화면 공유 기능으로 '스마트폰 불필요 데이터 지우기'를 실습해 보겠습니다.

– 실습 상황으로 스마트폰 화면과 AI와 대화 내용을 함께 보여 드리겠습니다.

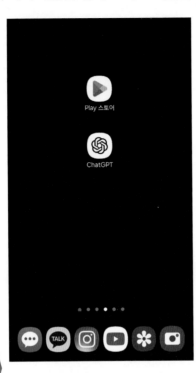

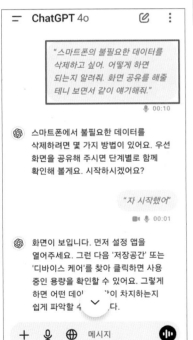

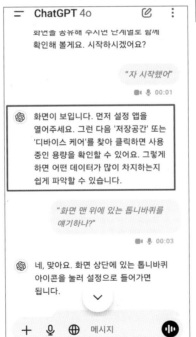

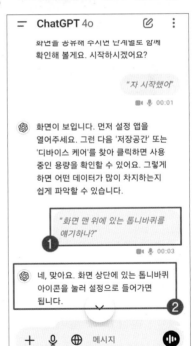

천천히, 차근차근 따라 하면 누구나 할 수 있어요!

1️⃣ 고급 음성모드에 들어가서 AI에게 음성으로 요구합니다. *"스마트폰의 불필요한 데이터를 삭제하고 싶어. 어떻게 하면 되는지 알려줘. 화면 공유를 해줄 테니 보면서 같이 얘기해 줘."* 2️⃣ AI가 음성으로 응답합니다. " 화면이 보입니다. 먼저 설정 앱을 열어주세요." 3️⃣ ① 화면에서 설정 아이콘을 찾아 물어봅니다. *"화면 맨 위에 있는 톱니바퀴를 얘기하나?"* ② AI가 질문에 답합니다. "네, 맞아요. 화면 상단에 있는 톱니바퀴 아이콘을 눌러 설정으로 들어가면 됩니다."

※ '기울임체' ➡ 사용자 / '정자체' ➡ AI

– 위 상황에 이어서 계속 진행합니다.

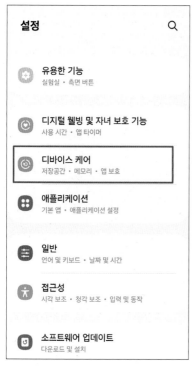

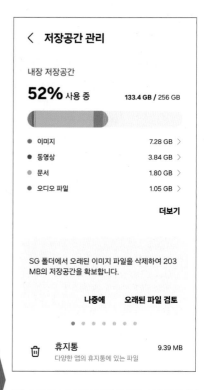

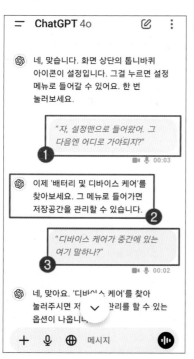

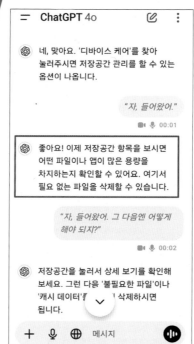

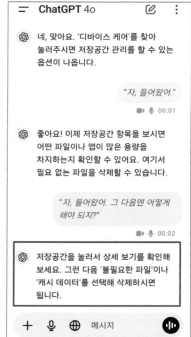

1 ① [설정]으로 들어옵니다. *"자, 설정으로 들어왔어. 그 다음엔 어디로 가야되지?"*

② 설정 메뉴에서 [디바이스 케어]를 찾아봅니다. *"이제 '배터리 및 디바이스 케어'를 찾아보세요.*
그 메뉴로 들어가면 저장공간을 관리할 수 있습니다."

③ AI에게 추가 확인을 합니다. *"디바이스 케어가 중간에 있는 여기 말하나?"*

2 [디바이스 케어]에서 [저장공간]에 들어갑니다. *" 좋아요! 이제 저장공간 항목을 보시면 어떤 파일이나 앱이*
많은 용량을 차지하는지 확인할 수 있어요. 여기서 필요 없는 파일을 삭제할 수 있습니다."

3 [저장공간]에서 상세 보기를 하고, 불필요한 데이터를 삭제합니다.

고급 음성모드 활용하기 (각 사용자 별 실습)

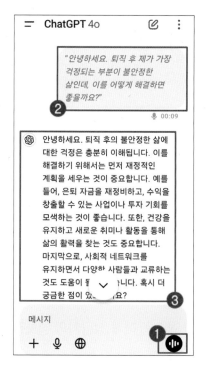

1. 퇴직 예정자로서 챗GPT에게 심리상담 받기 (1)

나: "안녕하세요. 퇴직 후 제가 가장 걱정되는 부분이 불안정한 삶인데, 이를 어떻게 해결하면 좋을까요?"

안녕하세요. 퇴직 후의 불안정한 삶에 대한 걱정은 충분히 이해됩니다. 이를 해결하기 위해서는 먼저 재정적인 계획을 세우는 것이 중요합니다. 예를 들어, 은퇴 자금을 재정비하고, 수익을 창출할 수 있는 사업이나 투자 기회를 모색하는 것이 좋습니다. 또한, 건강을 유지하고 새로운 취미나 활동을 통해 삶의 활력을 찾는 것도 중요합니다. 마지막으로, 사회적 네트워크를 유지하면서 다양한 사람들과 교류하는 것도 도움이 될 수 있습니다. 혹시 더 궁금한 점이 있으신가요?

① [**음성 아이콘**]을 누르고 화면에 [**푸른 구슬**]이 보이면 음성으로 질문합니다. ② 우선 AI에게 [**심리상담**]을 받아보도록 하겠습니다. 퇴직예정자로서 심리상담사에게 질문하는 모습을 연출하였습니다. ③ 챗GPT는 세팅 시 선택된 음성으로 대화합니다. 대화 종료 후 상담 결과를 문자로 다시 볼 수 있으며, **화면의 챗GPT 답변 부분을 길게 누르면 녹화된 음성이 재생됩니다.**

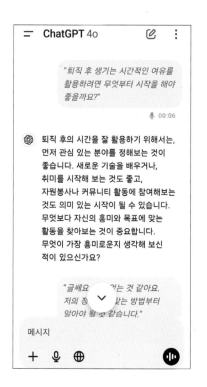

2. 퇴직예정자로서 챗GPT에게 심리상담 받기 (2)

나: "퇴직 후 생기는 시간적인 여유를 활용하려면 무엇부터 시작을 해야 좋을까요?"

퇴직 후의 시간을 잘 활용하기 위해서는, 먼저 관심 있는 분야를 정해보는 것이 좋습니다. 새로운 기술을 배우거나, 취미를 시작해 보는 것도 좋고, 자원봉사나 커뮤니티 활동에 참여해보는 것도 의미 있는 시작이 될 수 있습니다. 무엇보다 자신의 흥미와 목표에 맞는 활동을 찾아보는 것이 중요합니다. 무엇이 가장 흥미로운지 생각해 보신 적이 있으신가요?

나: "글쎄요 아직 없는 것 같아요. 저의 정체성을 찾는 방법부터 알아야 될 것 같습니다."

챗GPT와 질의 및 응답을 하면서 상담 대화를 이어갈 수 있습니다.
챗GPT가 답변을 하는 중이더라도 끼어들기 하여 대화를 중단시키거나 주제를 바꿀 수 있습니다.

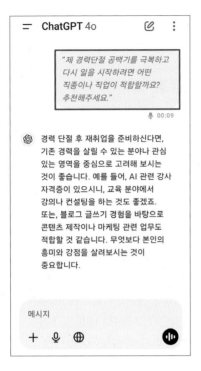

3. 경력 단절 여성으로서 챗GPT에게 직업상담 받기 (1)

나: "제 경력 단절 공백기를 극복하고 다시 일을 시작하려면 어떤 직종이나 직업이 적합할까요? 추천해 주세요."

  경력 단절 후 재취업을 준비하신다면, 기존 경력을 살릴 수 있는 분야나 관심 있는 영역을 중심으로 고려해 보시는 것이 좋습니다. 예를 들어, AI 관련 강사 자격증이 있으시니, 교육 분야에서 강의나 컨설팅을 하는 것도 좋겠죠. 또는, 블로그 글쓰기 경험을 바탕으로 콘텐츠 제작이나 마케팅 관련 업무도 적합할 것 같습니다. 무엇보다 본인의 흥미와 강점을 살려보시는 것이 중요합니다.

① 챗GPT와 상담을 하기 위해서는 챗GPT의 역할 설정이 중요합니다. 그리고 챗GPT에게 상담자의 정보를 충분히 제공할 필요가 있습니다.

② 대화의 시작 부분에서 역할 설정 및 정보를 제공해도 되고, 챗GPT의 설정 부문에서 [맞춤형 지침]을 입력해 놓으면 모든 대화에서 해당 지침에 근거한 답변을 들을 수 있습니다.

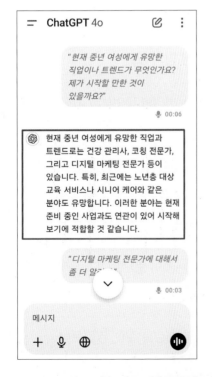

4. 경력 단절 여성으로서 챗GPT에게 직업상담 받기 (2)

나: "현재 중년 여성에게 유망한 직업이나 트렌드가 무엇인가요? 제가 시작할 만한 것이 있을까요?"

  현재 중년 여성에게 유망한 직업과 트렌드로는 건강 관리사, 코칭 전문가, 그리고 디지털 마케팅 전문가 등이 있습니다. 특히, 최근에는 노년층 대상 교육 서비스나 시니어 케어와 같은 분야도 유망합니다. 이러한 분야는 현재 준비 중인 사업과도 연관이 있어 시작해 보기에 적합할 것 같습니다.

나: "디지털 마케팅 전문가에 대해서 좀 더 알려주세요."

① 2024년 12월 기준, 챗GPT의 답변은 요청된 정보가 일반적인 경우 2023년 10월까지의 자료를 기반으로 제공됩니다. 반면에, 최신 정보를 요청하거나, 구체적인 참고 자료를 요구하는 경우 웹 검색을 통해 답변하게 됩니다.

② 챗GPT의 답변에 궁금한 것이 있으면, 대화 중이나 답변 완료 후에 추가 질문을 이어 갑니다.

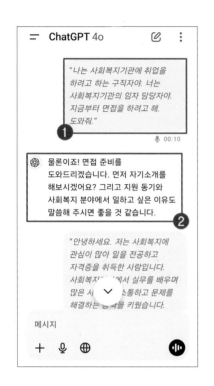

5. 구직자로서 챗GPT와 면접 상황 만들기 (1)

나: "나는 사회복지기관에 취업을 하려고 하는 구직자야. 너는 사회복지기관의 인사 담당자야. 지금부터 면접을 하려고 해. 도와줘."

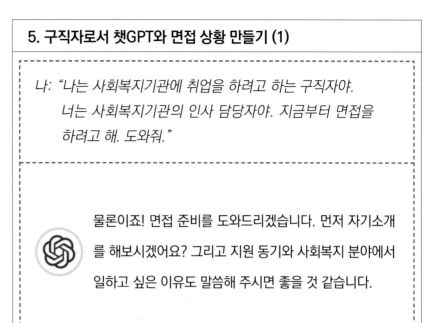

물론이죠! 면접 준비를 도와드리겠습니다. 먼저 자기소개를 해보시겠어요? 그리고 지원 동기와 사회복지 분야에서 일하고 싶은 이유도 말씀해 주시면 좋을 것 같습니다.

① 대화를 시작하면서 챗GPT에게 면접관 역할을 부여합니다. 아울러 나에 대한 정보를 함께 제공합니다.

② 챗GPT는 사용자가 제공한 정보와 맥락, 직무 및 산업 표준, 일반적인 면접 질문 데이터를 기반으로 면접관 역할을 수행합니다. 이를 통해 심리학적 원칙과 효과적인 질문법을 적용하여 사용자의 경험과 역량을 효과적으로 표현하도록 돕습니다. 실시간 분석을 통해 답변에 맞춤형 질문과 피드백도 제공합니다.

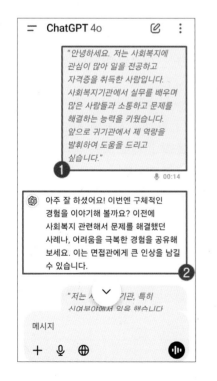

6. 구직자로서 챗GPT와 면접 상황 만들기 (2)

나: "안녕하세요. 저는 사회복지에 관심이 많아 일을 전공하고 자격증을 취득한 사람입니다. 사회복지기관에서 실무를 배우며 많은 사람들과 소통하고 문제를 해결하는 능력을 키웠습니다. 앞으로 귀 기관에서 제 역량을 발휘하여 도움을 드리고 싶습니다."

아주 잘 하셨어요! 이번엔 구체적인 경험을 이야기해 볼까요? 이전에 사회복지 관련해서 문제를 해결했던 사례나, 어려움을 극복한 경험을 공유해 보세요. 이는 면접관에게 큰 인상을 남길 수 있습니다.

① 면접관으로서 챗GPT의 질문에 대해 성심껏 답변합니다.
② 챗GPT는 사용자가 답변한 내용에 따라 다음 질문을 이어 갑니다.
③ 구직자 입장에서 질문과 답변의 방향을 바꾸어 가며 다양한 상황을 만들어 보세요.

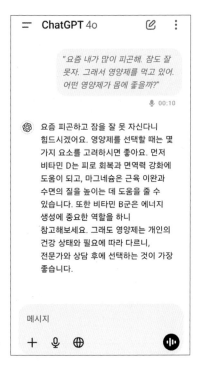

7. 챗GPT와 건강 상담하기 (1)

나: "요즘 내가 많이 피곤해. 잠도 잘 못자. 그래서 영양제를 먹고 있어. 어떤 영양제가 몸에 좋을까?"

요즘 피곤하고 잠을 잘 못 자신다니 힘드시겠어요. 영양제를 선택할 때는 몇 가지 요소를 고려하시면 좋아요. 먼저 비타민 D는 피로 회복과 면역력 강화에 도움이 되고, 마그네슘은 근육 이완과 수면의 질을 높이는 데 도움을 줄 수 있습니다. 또한 비타민 B군은 에너지 생성에 중요한 역할을 하니 참고해보세요. 그래도 영양제는 개인의 건강 상태와 필요에 따라 다르니, 전문가와 상담 후에 선택하는 것이 가장 좋습니다.

① 챗GPT와 기본적인 건강 상담을 할 수 있습니다. 증상을 이야기하면 챗GPT는 일반적인 정보에 의한 답변을 합니다.

② AI를 이용한 건강 상담은 적절히 활용하면 유용하지만, 이는 참고용일 뿐, 의료 전문가와의 상담을 대체할 수는 없습니다. 따라서 AI의 한계를 명확히 인식하고 교육 시에도 책임 있는 안내를 하는 것이 중요합니다.

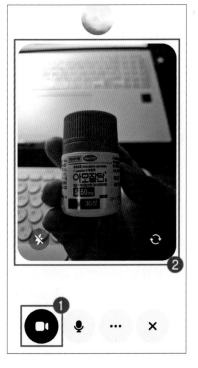

8. 챗GPT와 건강 상담하기 (2)

나: "이게 무슨 약이지? 내가 요즘에 소화제로 이것을 먹고 있었는데 맞는 약인가?"

약은 아모잘탄이며 고혈압이나 협심증 치료에 사용하는 약입니다. 소화제는 아니니, 소화 문제로 복용 중이라면 다른 약을 확인해 보시는 게 좋을 것 같아요.

나: "이 약에 대해서 좀 더 알려줄래? 하루에 몇 번 먹어야 되는지? 언제 먹어야 되는지? 등등"

아모잘탄은 보통 하루에 한 번 복용하며, 아침이나 저녁, 일정한 시간에 복용합니다. 구체적인 복용법은 의사 지시에 따라 복용하는 것이 좋습니다.

① 대화 중 화면 하단의 [카메라 아이콘]을 누르면 비디오 촬영이 시작되고 해당 영상을 보면서 챗GPT와 대화를 나눌 수 있습니다.

② 챗GPT는 사용자의 질문에 따라 정보를 조회하고 적절한 해결책을 제공합니다.

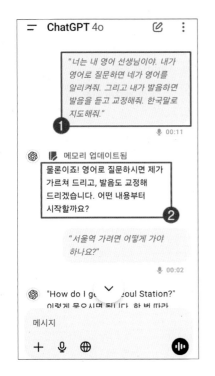

9. 챗GPT에게 영어 배우기 (1)

> 나: "너는 내 영어 선생님이야. 내가 질문하면 네가 영어를 가르쳐 줘. 그리고 내가 발음하면 발음을 듣고 교정해 줘. 한국말로 지도해 줘."
>
> 물론이죠! 영어로 질문하시면 제가 가르쳐 드리고, 발음도 교정해 드리겠습니다. 어떤 내용부터 시작할까요?
>
> 나: "서울역 가려면 어떻게 가야 하나요?"

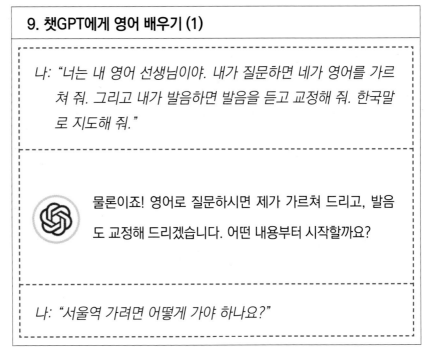

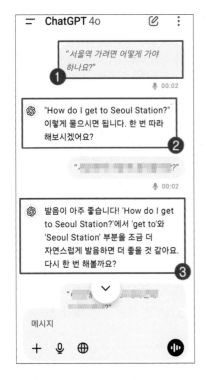

① 챗GPT를 영어 선생님으로 활용하기 위해서는 대화 시작 부분에 영어 선생님으로서의 역할을 명확하게 해 줍니다. 그리고 내가 배우고 싶은 내용에 대한 정보도 제공합니다.

② 챗GPT가 영어 선생님으로서의 역할을 이해하고 질문을 받고 응답할 준비를 합니다.

10. 챗GPT에게 영어 배우기 (2)

> 나: "서울역 가려면 어떻게 가야 하나요?"
>
> "How do I get to Seoul Station?" 이렇게 물으시면 됩니다. 한 번 따라 해보시겠어요?
>
> 나: "How do I get to Seoul Station?"
>
> 발음이 아주 좋습니다! 'How do I get to Seoul Station?'에서 'get to'와 'Seoul Station' 부분을 조금 더 자연스럽게 발음하면 더 좋을 것 같아요. 다시 한 번 해볼까요?

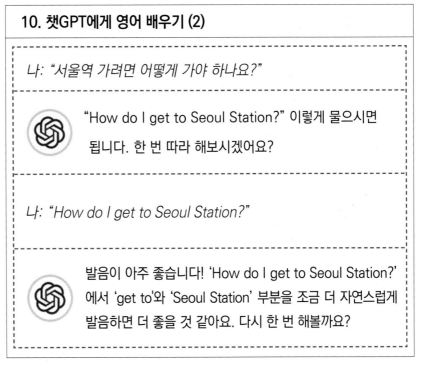

① 원하는 내용을 한국어로 질문을 합니다.

② 챗GPT가 영어로 번역을 해 주고 따라 해 보라고 응답합니다.

③ 배운 내용에 따라 영어로 발음을 하면 챗GPT가 발음을 듣고 교정을 해 줍니다. 발음이 정확할 때까지 반복해서 교정을 해 줍니다.

사진 및 이미지 업로드하고 시인되기

1 [ChatGPT] 앱을 터치합니다. **2** [플러스(+)] 아이콘을 터치합니다.
3 [이미지 업로드]를 터치합니다 .

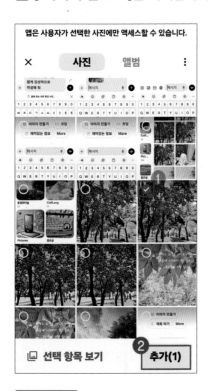

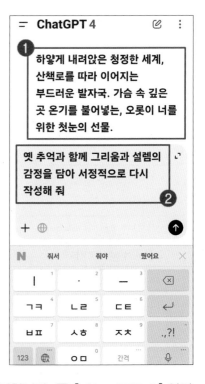

사진 넣기 **1** ① 촬영한 [풍경 사진]을 한 장 터치합니다. ② [추가]를 터치합니다. **2** [ChatGPT 4] 입력
창에 [글쓰기 주제]를 말하거나 [명령어]를 입력합니다. (예) "올해 첫눈 내린 풍경 사진인데 소녀처럼 마음이
설레이네. '첫눈' 제목으로 짧은 시 하나 작성해 줘." **3** ① ChatGPT가 요청에 따라 시를 작성해 주었습니다.
② 마음에 들지 않거나 내용을 수정하고 싶다면 다시 요청합니다. (예) "옛 추억과 함께 그리움과 설렘의 감정을
담아 서정적으로 다시 작성해 줘."

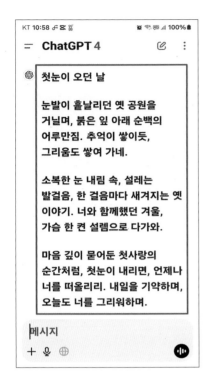

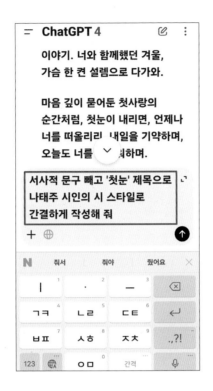

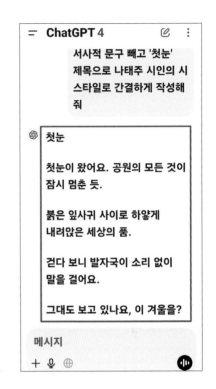

1️⃣ ChatGPT가 시를 다시 작성해 주었습니다.

2️⃣ 원하는 스타일로 한 번 더 내용을 수정하고 싶다면 다시 요청합니다.

(예) "서사적 문구 빼고 나태주 시인의 시 스타일로 간결하게 작성해 줘."

3️⃣ ChatGPT가 내용을 수정해서 나태주 시인의 시 스타일로 간결하게 작성해 주었습니다.

완성된 글은 복사해서 메모장에 저장하거나 가족과 친구들에게 공유할 수 있습니다.

천천히, 차근차근 따라 하면 누구나 할 수 있어요!

ChatGPT 4o(유료)

1️⃣ [유료 버전]을 사용하시는 경우 [ChatGPT 4o] 앱을 터치합니다.

2️⃣ [이미지 업로드]를 터치합니다. 3️⃣ ① [사진]을 터치합니다. ② [추가] 버튼을 터치합니다.

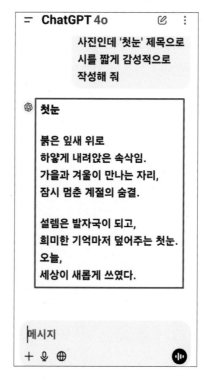
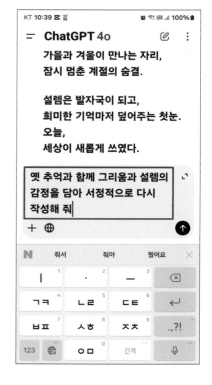

1️⃣ [ChatGPT 4o] 입력창에 명령어를 입력합니다.

(예) "올해 첫눈 내린 풍경 사진인데 '첫눈' 제목으로 시를 짧게 감성적으로 작성해 줘."

2️⃣ 요청에 따라 첫눈 시를 감성적으로 잘 묘사해 주었습니다.

3️⃣ 좀 더 구체적으로 수정하고 싶으면 다시 요청합니다.

(예) "옛 추억과 함께 그리움과 설렘의 감정을 담아 서정적으로 다시 작성해 줘."

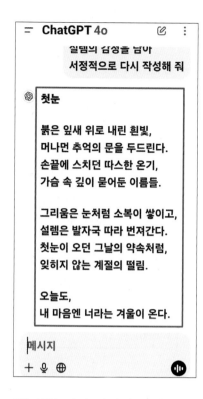

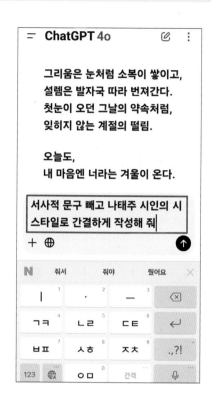

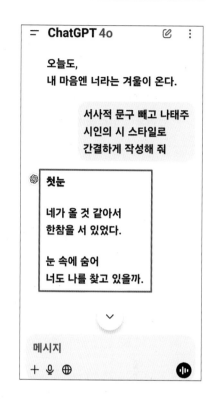

1️⃣ 시를 다시 작성해 주었습니다. 2️⃣ 더 수정하고 싶다면 원하는 스타일을 요청합니다.

(예) "서사적 문구 빼고 나태주 시인의 시 스타일로 간결하게 작성해 줘."

3️⃣ 나태주 시인의 울림이 있는 시상(詩想) 스타일로 감동적으로 잘 작성해 주었습니다. 무료 버전과 유료 버전의 생성 결과를 비교해서 확인해 볼 수가 있습니다. 완성된 글은 '풍경이 있는 시 카드'나 동영상을 만들어서 가족과 친구들에게 공유할 수 있습니다.

손주나 자녀한테 편지쓰기

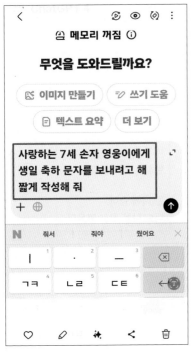
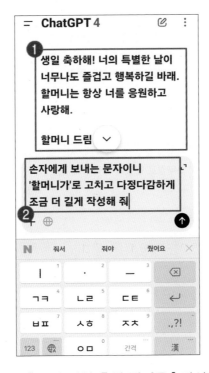
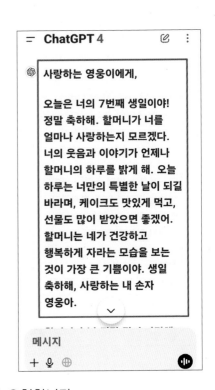

1 ChatGPT 입력창 프롬프트 입력창에 [손자 생일 축하 편지글] 작성을 요청합니다.

（예）"사랑하는 7세 손자 영웅이에게 생일 축하 문자를 보내려고 해. 짧게 작성해 줘."

2 ① ChatGPT가 요청에 따라 [축하 편지]를 짧게 작성해 주었습니다. ② 다시 수정해서 작성해 달라고 요청합니다.

（예）"손자에게 보내는 문자이니 '할머니 드림'을 '할머니가'로 고치고 다정다감하게 조금 더 길게 작성해 줘."

3 ChatGPT가 다시 작성해 주었습니다.

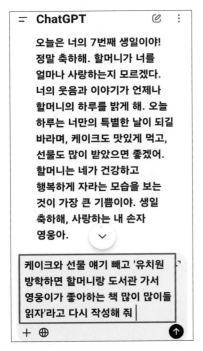
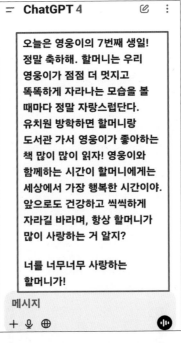
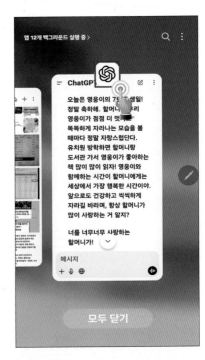

1 마음에 안 드는 부분을 다시 작성해달라고 요청합니다. （예）"케이크와 선물 얘기 빼고 '유치원 방학하면 할머니랑 도서관 가서 영웅이가 좋아하는 책 많이 많이들 읽자'라고 다시 작성해 줘."

2 ChatGPT가 다시 작성해 주었습니다.

3 내비게이션 바 [최근 열어본 화면]으로 가서 [ChatGPT 아이콘]을 찾아 짧게 터치합니다.

1️⃣ 선택 항목 가운데 [**분할 화면으로 열기**]를 터치합니다.

2️⃣ 아래쪽 분할 화면에서 [**갤러리**] 앱을 터치합니다.

3️⃣ 앨범에서 [**이미지**]를 하나 선택하여 터치합니다.

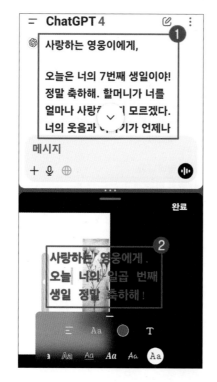
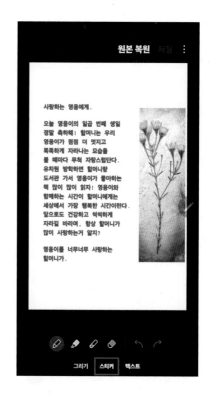

1️⃣ ① [**편집**] 아이콘을 터치합니다. ② [**텍스트**] 글자를 터치합니다.

2️⃣ ① ChatGPT가 작성해 준 글에서 다시 수정할 내용이 있는지 확인합니다.

　② 편지글 중에서 어색한 부분은 직접 수정해서 입력합니다.　(예) "7번째 ⇒ 일곱 번째"

3️⃣ [**스티커**]를 터치합니다.

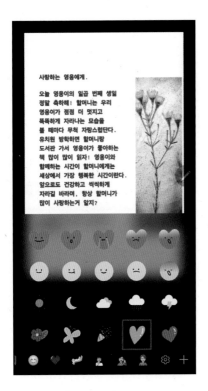
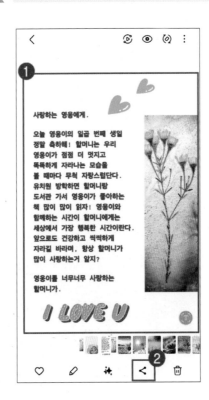

1 마음에 드는 [스티커]를 찾아서 터치 후 적당한 위치에 배치합니다.

2 배치가 잘 되었는지 확인하고 [전달하기] 아이콘을 터치하여 손자에게 축하 카드를 전송합니다.

3 ChatGPT 입력창에 [손녀에게 편지쓰기] 주제를 입력합니다.

(예) "할머니가 유치원 다니는 다섯 살 손녀 예진이에게 보내는 사랑 가득한 편지를 짧게 작성해 줘."

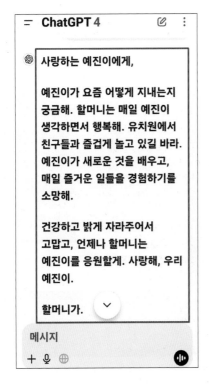
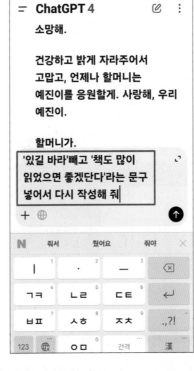
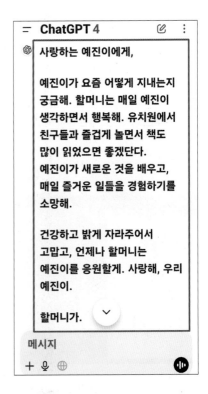

1 ChatGPT가 편지글을 작성해 주었습니다. **2** 추가하거나 수정할 내용을 다시 입력합니다.

(예) "'있길 바라' 빼고 '책도 많이 읽었으면 좋겠단다'라는 문구를 넣어서 다시 작성해 줘."

3 ChatGPT가 편지글을 수정해서 완성해 주었습니다.

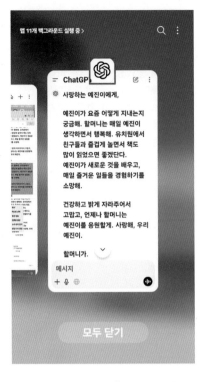  

1️⃣ 내비게이션 바 [최근 열어본 화면]으로 가서 [ChatGPT 아이콘]을 짧게 터치합니다.

2️⃣ 선택 항목 가운데 [분할 화면으로 열기]를 터치합니다.

3️⃣ 아래쪽 분할 화면의 [갤러리]에 있는 앨범에서 [이미지 사진]을 하나 선택하여 터치합니다.

1️⃣ ① [편집 아이콘]을 터치합니다. ② [텍스트]를 터치하여 글꼴, 색상, 정렬을 선택한 후 ChatGPT가 작성해 준 편지글을 입력합니다. 2️⃣ ① [편집 아이콘]을 터치합니다. ② 마음에 드는 [스티커]를 찾아서 넣고 편지글과 함께 적당한 위치에 배치합니다. 3️⃣ [공유] 아이콘을 터치하여 완성된 카드를 손녀에게 전송합니다.

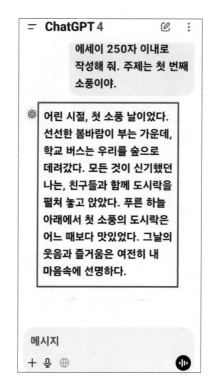

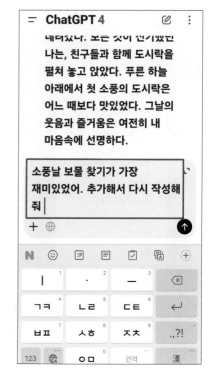

1️⃣ ChatGPT 입력창에 **[추억을 주제]**로 글쓰기를 요청합니다.

　(예) "내 어린 시절 추억을 짧은 에세이 250자 이내로 작성해 줘, 주제는 첫 번째 소풍이야."

2️⃣ 어린 시절 추억을 짧게 잘 작성해 주었습니다.

3️⃣ 소풍날 가장 재미있었던 내용을 추가해서 작성해 달라고 요청합니다.

　(예) "소풍날 보물 찾기가 가장 재미있었어. 추가해서 다시 작성해 줘."

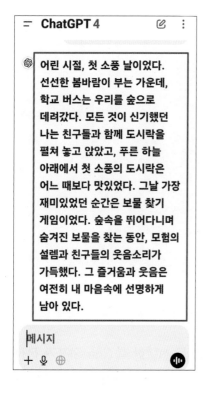

ChatGPT가 어린 시절
첫 소풍의 추억을 추가해서
잘 작성해 주었습니다.

내가 원하는 이미지 만들기 1 (생일 축하 및 꽃다발)

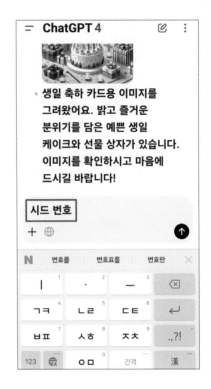

천천히, 차근차근 따라 하면 누구나 할 수 있어요!

1️⃣ [ChatGPT] 앱을 열고 친구에게 생일 축하 이미지 생성을 요청합니다.

　(예) "친구에게 '생일을 축하한다'라는 이미지를 보내고 싶은데 예쁘게 그려줘. 답변은 한국어로 해줘."

2️⃣ 생일 축하 카드 이미지를 만들어 주었습니다.

3️⃣ 이미지 시드 번호를 알기 위해 입력창에 요청합니다. (예) "시드 번호"

1️⃣ [시드 번호]를 알려줍니다.　2️⃣ 시드 번호를 넣어서 [추가 이미지 생성을 요청] 합니다.

　(예) "79974029 이 시드 번호 이미지에 장미꽃을 추가로 더 넣어서 그려줘"

3️⃣ 생일 축하 카드 이미지를 생성해 주었습니다.

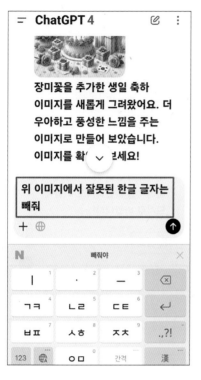

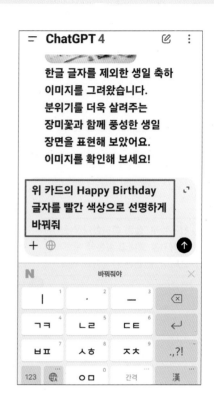

68

옥타브 시니어들을 위한 AI리터러시

1️⃣ 잘못된 글자를 빼 달라고 요청합니다.

　(예) "위 이미지에서 잘못된 한글 글자는 빼줘. 2️⃣ 이미지를 다시 작성해 주었습니다.

3️⃣ 글자 색상 수정을 요청합니다.

　(예) "위 축하 카드 Happy Birthday 글자를 빨간 색상으로 선명하게 바꿔줘."

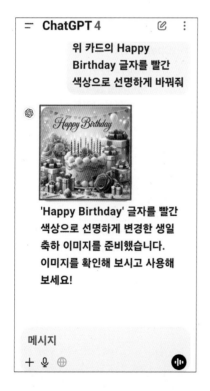

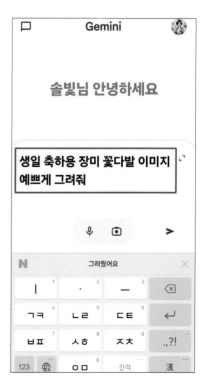

1️⃣ ChatGPT가 [생일 축하 카드]를 완성해 주었습니다. 2️⃣ [Gemini 앱]을 터치합니다.

3️⃣ 입력창에 이미지를 그려달라고 요청합니다.

　(예) "생일 축하용 장미 꽃다발 이미지를 예쁘게 그려줘."

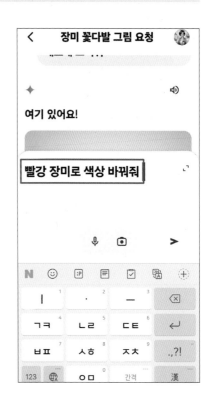

1️⃣ [Imagen 3]가 이미지를 생성 중입니다.

2️⃣ 연분홍색 장미 꽃다발을 그려주었습니다.

3️⃣ 입력창에 빨간색 장미로 바꿔 달라고 요청합니다. (예) "빨강 장미로 색상 바꿔줘."

1️⃣ Imagen 3가 빨간색 장미 꽃다발로 바꿔 주었습니다.

2️⃣ 입력창에 생일 축하 글자를 추가해 달라고 요청합니다. (예) "위 이미지에 생일 축하한다는 글자를 넣어줘."

3️⃣ Happy Birthday 글자를 넣어 주었습니다.

1 배경색을 바꿔 달라고 요청합니다.

(예) "배경색을 아주 연한 연분홍 색상으로 바꿔줘."

2 배경색을 예쁘게 변경해 주었습니다.

내가 원하는 이미지 만들기 2 (성탄 축하 및 연하장)

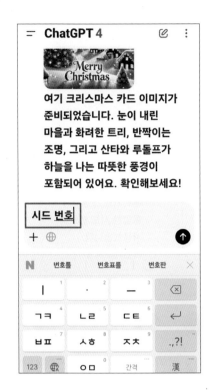

1 ChatGPT 앱을 열고 [**성탄 카드**] 이미지 생성 명령어를 입력합니다.

(예) "눈이 소복이 쌓인 크리스마스 마을, 화려한 트리와 반짝이는 조명, 산타와 루돌프가 하늘을 나는 따뜻한 풍경의 성탄 카드에 빨간색 우아한 폰트로 Merry Christmas 글자를 넣어서 그려줘. 답변은 한국어로 해줘"

2 ChatGPT가 성탄 카드를 그려주었습니다. **3** 채팅창에 [**시드 번호**]를 입력합니다. (예) "시드 번호"

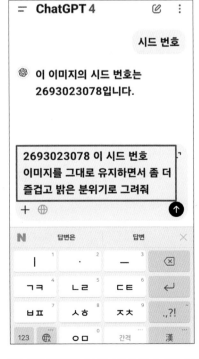

1 이미지의 시드 번호를 확인합니다. **2** 입력창에 시드 번호를 넣고 이미지를 다시 그려 달라고 합니다.

(예) "2693023078 이 시드 번호 이미지를 그대로 유지하면서 좀 더 즐겁고 밝은 분위기로 그려줘."

3 [**응답 1 이미지**]를 확인합니다.

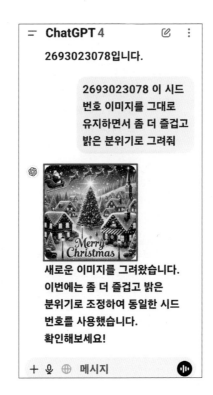

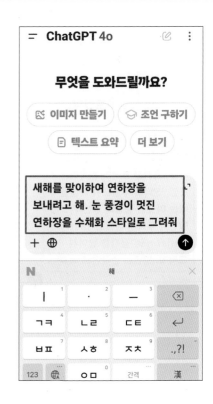

1️⃣ 화면을 옆으로 밀어서 [응답 2] 이미지를 확인합니다.

2️⃣ 마음에 드는 [응답 2] 이미지를 선택합니다.

3️⃣ [유료 버전(ChatGPT 4o)] 앱 입력창에 연하장 이미지를 그려달라고 요청합니다.

1️⃣ ① 연하장 이미지를 생성해 주었습니다. ② [시드 번호]를 입력합니다.

2️⃣ ChatGPT가 [시드 번호]를 알려줍니다.

3️⃣ 시드 번호를 입력하고 이미지 생성을 요청합니다.

（예）"3195780522 이 시드 번호를 유지하면서 '2025 Happy New Year' 글자를 넣어서 그려줘."

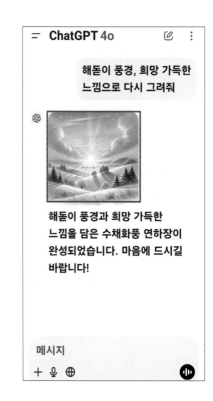

1 연하장을 생성해 주었습니다.

2 이미지 수정을 다시 요청합니다. (예) "해돋이 풍경, 희망 가득한 느낌으로 다시 그려줘."

3 희망 가득한 해돋이 풍경으로 다시 그려주었습니다.

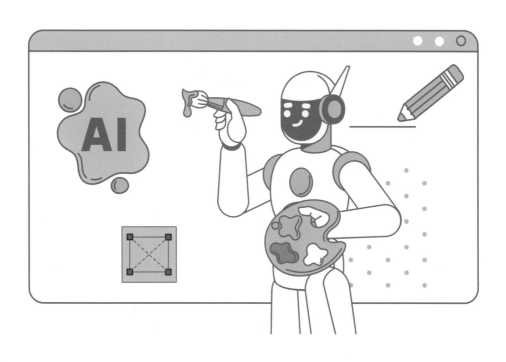

1 내용을 추가해 달라고 요청합니다.

　(예) "이 그림에 '2025 Happy New Year' 글자를 넣어줘."

3 글자를 추가해서 다시 그려 주었습니다. 반복해서 다르게 수정을 요청할 수도 있습니다.

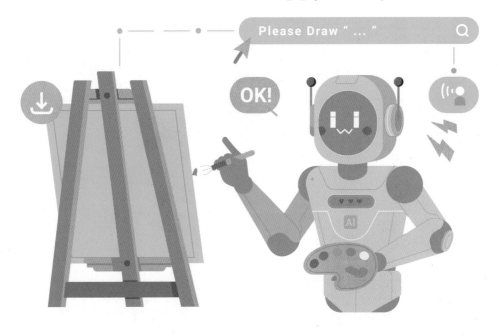

1. 챗GPT를 설치하려면 첫 번째로 해야 할 일은 무엇인가요?

　① 앱을 열고 설정 메뉴를 찾는다.

　② 구글 Play스토어를 열고 검색창에 '챗GPT'를 입력한다.

　③ 음성 모드를 활성화한다.

　④ 회원가입 화면으로 바로 이동한다.

2. 챗GPT 회원가입 시, 구글 계정을 사용하는 이유는 무엇인가요?

　① 데이터 백업을 위해

　② 회원가입 과정을 생략하기 위해

　③ 사용자의 개인정보를 보호하고 기존 계정을 활용하기 위해

　④ 음성 모드 기능을 활성화하기 위해

3. 챗GPT의 음성 모드를 활성화했을 때 나타나는 주요 기능은 무엇인가요?

　① 대화를 자동으로 녹음해 저장한다.

　② 음성 선택과 대화 내용 저장, 그리고 화면 공유 기능을 지원한다.

　③ AI가 자동으로 질문을 생성해 준다.

　④ 사용자 목소리만 감지하고 다른 소리는 차단한다.

4. 챗GPT를 사용하여 작성된 글을 수정하려면 어떤 과정을 따라야 하나요?

　① ChatGPT 입력창에 "수정해 달라"고 요청한다.

　② 앱 설정에서 "글 수정 옵션"을 활성화한다.

　③ 새로운 파일을 업로드한 뒤 다시 요청한다.

　④ 이미 작성된 글은 수정할 수 없다.

5. 챗GPT를 통해 시를 작성할 때, 원하는 스타일로 수정하려면 어떻게 해야 하나요?

　① '스타일에 맞게 새로 작성해 줘'라고 요청한다.

　② 생성된 시를 삭제한 후 다시 요청한다.

　③ 설정 메뉴에서 '시 작성' 기능을 활성화한다.

　④ 구글 계정을 새로 만들어야 한다.

6. 챗GPT에서 이미지 생성 시 '시드 번호'를 사용하는 이유는 무엇인가요?

　① 이미지의 해상도를 높이기 위해

　② 동일한 스타일로 이미지를 재생성하기 위해

　③ 고급 음성 모드에서만 지원되기 때문에

　④ 번역 기능과 연결하기 위해

정답　1② 2③ 3② 4① 5① 6②

 **Askup**(아숙업, 애스크업)

 개요 및 특징

 AskUp(아숙업, 애스크업)은 별도의 앱 설치나 로그인 없이 **KakaoTalk (카카오톡)에서 채널 추가만 하면 '챗GPT'와 대화(Chatting)'를 나눌 수 있는 서비스**로 우리나라 정서에 알맞고, 누구나 손쉽게 사용할 수 있습니다.
2023년 3월, 국내 AI 스타트업 '업스테이지(Upstage)에서 **모바일 메신저 카카오톡용**으로 출시하였습니다.

AskUp은 영어로 **'묻다, 질문하다'**라는 뜻을 가진 'Ask'에 'Upstage'의 기업명을 합성했는데 '애스크업'을 발음하기 쉽게 "아숙업"이라고 부르게 되었습니다.
생성 인공지능 챗봇 '챗GPT'를 기반으로 업스테이지의 'OCR(Optical Character Reader)**'과 'Upsketch(업스케치)' 기술을 결합**하였습니다.

'OCR(Optical Character Recognition)' 광학문자인식 기술은 사용자가 문서를 사진으로 찍거나 전송하면 그 내용을 읽고 이해하고 답변할 수 있다고 해서 '눈 달린 챗 GPT'라고도 불립니다. 또한 **'Upsketch(업스케치)'**는 AI 경진대회인 캐글(Kaggle)에서 세계 1위를 차지한 기술로 개발되어 원하는 이미지를 만들어 그려주는 기능과 얼굴 이미지를 바탕으로 젊게, 멋지게 프로필을 바꾸어 주는 '손 달린 챗 GPT'로 모바일 환경에서도 고품질 이미지를 생성할 수 있습니다.

(주)업스테이지가 'Making AI beneficial(AI로 세상을 더욱 이롭게 만듭니다)'라는 미션으로 AI의 편리함과 기술력을 더 많은 사람이 알고 써보면 좋겠다는 취지에서 카카오톡으로 서비스를 확장한 것이 AskUp입니다.

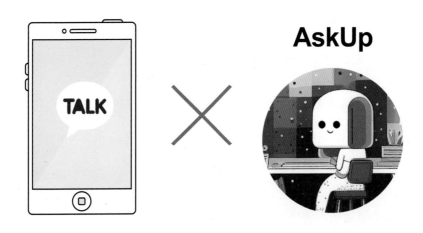

장점

1 편리한 접근성과 24시간 무료 서비스

카카오톡 채널 추가만으로 아숙업과 대화할 수 있으며, 별도의 설치, 회원가입, 로그인 절차 필요 없이 카카오톡에서 바로 사용할 수 있어 어린아이부터 시니어까지 누구나 쉽게 접근할 수 있습니다.

2 한국어 최적화 및 자연스러운 대화

GPT 모델을 한국어 대화에 자연스럽게 적응시키고, 사용자의 의도와 감정을 더 잘 이해하도록 만든 파인튜닝(Fine-tuning) 기법이 적용되어 한국어 표현과 사용자 요구에 맞는 개인화된 대답을 생성합니다. 특히 카카오톡 사용자들의 다양한 질문과 답변 데이터를 학습하여 좀 더 자연스러운 한국어 대화를 구사할 수 있도록 설계되어 사람과 대화하듯 자연스럽게 질문하고 답변을 얻을 수 있습니다.

3 빠른 응답 속도 및 다중 작업 가능

빠른 반응 속도로 질문에 대한 답변이 빠르게 이루어져, 사용자는 즉각적으로 필요한 정보를 얻을 수 있으며, 답변을 기다리는 동안 다른 작업이 가능합니다.

4 검색 기능 및 다양한 활용(개인 비서 활용)

카카오톡 기반으로, GPT-4와 업스테이지의 기술을 결합하여 사용자에게 실시간 검색 결과를 제공하는 강력한 도구로 **일상 대화부터 전문적인 질문까지 폭넓은 주제에 대해 답변이 가능**하고, 구글 검색을 활용합니다. 27개 언어 지원으로 사용자가 원하는 정보 검색, 번역, 요약, 글쓰기 등 다양한 기능을 제공합니다. 간결하고 명확하게 구체적으로 질문하는 것이 중요합니다.

5 링크 요약 기능

웹페이지 링크를 채팅창에 입력하면, 해당 페이지의 내용을 텍스트로 요약하여 전달합니다.
복잡하거나 어려운 기사 및 콘텐츠를 간단하고 명확하게 설명해, 효율적으로 정보를 습득할 수 있도록 돕습니다. (뉴스 기사 요약, 학습 자료 활용)

6 이미지 및 그림 지원(그려줘 & 프로필)

아숙업에 추가된 업스케치(Upsketch)는 추가된 이미지 생성 기능으로, **짧은 프롬프트로도 고품질 이미지를 생성할 수 있어 원하는 이미지에 대한 설명 이후 "그려줘"라고 입력**하면 원하는 이미지를 생성하는 기능입니다. 프로필 기능은 인물의 얼굴이 중심이 된 사진을 아숙업에 전송하고 사용자가 원하는 이미지를 생성하거나 "젊게" 또는 "멋지게"로 수정할 수 있는 서비스입니다.

7 OCR(Optical Character Recognition) **광학문자인식 기술**

이미지나 문서에서 텍스트를 추출하여 디지털화하는 기술로, 업스테이지의 독자적인 OCR 기술과 GPT 모델을 결합하여 이를 구현합니다. 다양한 형태의 글꼴, 배경 등에 상관없이 정확하게 문자를 인식해 텍스트로 작성된 문서나 손글씨 이미지 등을 아숙업에 보내면 번역된 내용과 함께 답변을 받을 수 있습니다. 학습자료, 사업자 등록증, 계약서 등과 같은 서류들도 질문하면 필요한 정보를 얻을 수 있고, 텍스트로 처리도 가능합니다.

8 외국어 학습 활용 & 오늘의 영자 신문 활용

영어를 포함한 여러 언어의 문법 교정, 작문, 회화 연습, 단어 및 구동사 학습 등 다양한 학습 방법을 지원하며, 이미지 번역 및 퀴즈 생성 등도 가능합니다. 사진 속 텍스트를 인식하고 이를 번역해 주어 해외여행 시 간판이나 메뉴판 번역에도 유용합니다. 대화 화면의 스마트 메뉴에 **'오늘의 영자신문'** 기능은 매일 주요 세계 뉴스를 영어로 제공하여 영어 학습과 시사 정보 습득을 동시에 할 수 있는 유용한 도구입니다. 이 기능은 영어 독해, 어휘 확장, 시사 이해를 돕는데 효과적이며, 학습 효율성을 높이는 다양한 방법으로 활용할 수 있습니다.

9 코딩 학습 지원

코딩 관련 질문에 답변하거나 코드 분석을 도와 학습 도구로 활용이 가능합니다. 코드 구현, 오류 수정, 알고리즘 최적화 등 다양한 코딩 학습에 도움을 받을 수 있습니다. 초보자부터 숙련자까지 모두 활용 가능 이미지 속 코드 분석 기능도 제공하여 사진으로 전달된 코드에 대해서도 도움을 받을 수 있습니다. 영어 문법 교정, 작문 도움, 번역 기능 등을 제공하여 외국어 학습에 효과적입니다.

10 Food Lens (푸드렌즈)

인공지능 헬스케어 스타트업 두잉랩의 푸드렌즈를 적용해 아숙업에 음식 사진을 보내면 인공지능이 이를 스스로 분석하고 칼로리와 영양소까지 알려줍니다. 레시피를 알려달라고 하면 레시피도 알려줍니다.

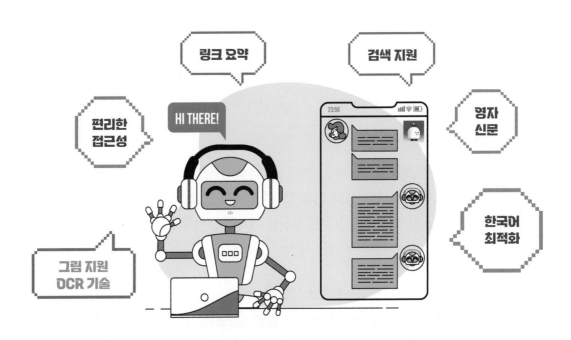

단점

1 긴 텍스트 처리 한계

긴 텍스트를 처리하거나 복잡한 질문에 대한 답변을 제공하는 데 한계가 있습니다. 사용자가 이전 대화 내용을 기반으로 질문을 이어갈 경우, 이전 대화 맥락을 잊고 새로운 질문으로 인식해 대화 흐름이 끊길 수 있습니다.

2 정확성 부족

일반적인 질문에는 적절히 답변하지만, 전문적이거나 심화한 질문에는 정확한 답변을 제공하지 못하는 경우가 많습니다. AI 모델 특성상 모르는 질문에 대해 "모른다"고 답하지 않고, 학습된 정보를 조합해 만들어내는 경향(환각 현상)이 있습니다. 이로 따라 잘못된 정보가 포함될 가능성이 높습니다.

3 최신 정보 부족

아숙업은 OpenAI의 GPT-3.5 및 GPT-4 모델을 기반으로 작동하며, 2021년 9월까지의 데이터를 학습한 모델입니다. 이로 인해 최신 정보에 대한 답변이 부정확하거나 누락되는 문제가 발생할 수 있습니다. 아숙업이 제공하는 답변은 참고용으로 활용하며, 중요한 정보는 출처를 통해 직접 확인하거나 추가 검색을 추천합니다.

4 이미지 처리 제한과 오류

이미지 속 텍스트를 인식하는 기능이 있지만, 1,200자 이상의 텍스트는 처리하지 못하며, 간혹 오류가 발생합니다. 문서나 사진 속 텍스트를 인식하는 과정에서 글꼴, 배경, 해상도 등의 영향을 받아 일부 텍스트를 잘못 인식하거나 누락할 수 있습니다.

 아숙업 체크 포인트 및 활용 팁

1 하루 동안 무료 크레딧 제공
- **GPT 3.5 :** 대화 100건
- **GPT 4 :** 대화 10건
- **이미지 생성 :** 33건(이미지 생성 1건당 3 크레딧 소요)

2 [?] vs [!] 활용

" ? "를 붙이면 구글 검색 정보를 제공하고, " ! "를 붙이면 더 똑똑한 GPT-4를 사용합니다.

3 텍스트 제한
① **텍스트 인식 제한:** 아숙업의 OCR 기능은 한 번에 1,000자 이하의 텍스트를 처리할 수 있습니다. 이미지 내 텍스트가 1,000자를 초과하면 일부 내용이 누락 되거나 제대로 처리되지 않을 수 있습니다. 이를 방지하려면 이미지를 분할 하여 올려야 합니다.
② **텍스트 응답 제한:** 아숙업의 텍스트 응답은 한 번에 처리할 수 있는 글자 수가 제한되며, 일반적으로 1,200자 범위 내 에서 답변이 생성됩니다. 긴 텍스트를 작성하려면 목차를 구성하고 섹션별로 나누어 요청하는 것이 효과적입니다.
③ **대화 기억 한계:** 아숙업은 GPT-4 기반으로 작동하며, 대화에서 약 **3,000개의 단어(질문과 답변 포함)**를 기억합니다. 이 한계를 초과하면 이전 대화 내용을 잊게 되어 맥락을 유지하기 어려워질 수 있습니다.

아숙업 카카오톡에서 채널 추가하기

1 카카오톡 앱 실행 후 친구 또는 ① [채팅] 탭에서 ② [돋보기]를 터치합니다.

2 ① 검색창에 [아숙업]을 입력합니다. ② [채널 아이콘(Ch+)]을 터치합니다. **3** [채널 추가]를 터치합니다.

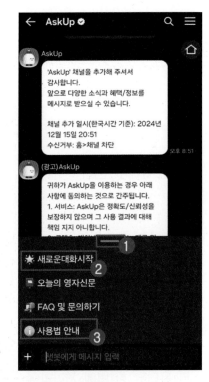
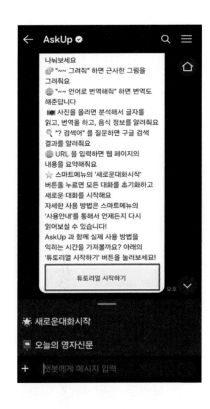

1 ① 채팅 목록에서 추가된 채널 [AskUp]를 터치합니다.

2 AskUp 화면이 나오면 ① [바(-)]를 위로 밀어 올립니다. ② 대화 중 새로운 대화를 하려면 [새로운대화시작]을 터치합니다. ③ [사용법 안내]를 터치합니다. **3** 채팅창에 아숙업 사용 설명이 나옵니다. [튜토리얼 시작하기]를 터치하면 단계별 상세 설명서를 확인하고 따라서 해볼 수 있습니다.

아숙업 튜토리얼 1~6단계

단계별 상세 설명서를 확인하고 따라서 해볼 수 있습니다.

 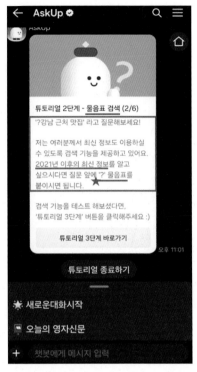 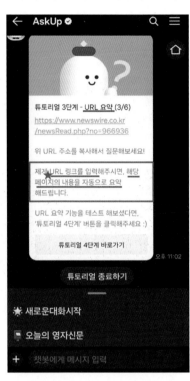

1 [1단계] **GPT3.5기반 질문**을 할 수 있습니다. **2** [2단계] ' **? 검색어** ' 질문하면 구글 검색 결과를 알려줍니다. (최신 정보 안 됨) [3단계] " **URL주소를 입력하면** " 해당 페이지의 내용을 자동으로 요약해 줍니다.

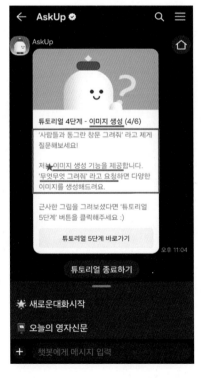 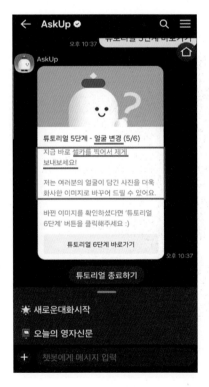 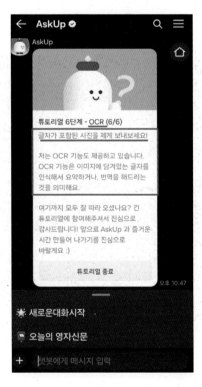

1 ① [4단계] **"무엇 무엇을 그려줘"**라고 요청하면 다양한 이미지를 생성해 줍니다. **2** [5단계] **셀카를 촬영하거나 갤러리에 있는 사진을 보내면** '젊게', '멋지게' 원하는 대로 얼굴을 바꾸어 줍니다. **3** [6단계] **글자가 포함된 사진을 보내면** 이미지에 담겨있는 글자를 인식해서 요약하거나, 번역을 해 줍니다.

아숙업 활용 "무엇이든 물어 보세요!"

"**?(물음표) 질문**"을 하면 구글 검색을 해주고, "**!(느낌표) 질문**"을 하면 심층 있는 답변을 해 줍니다.

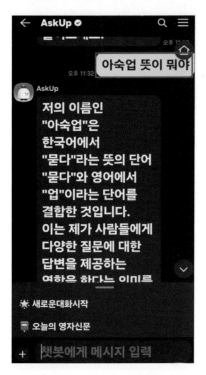 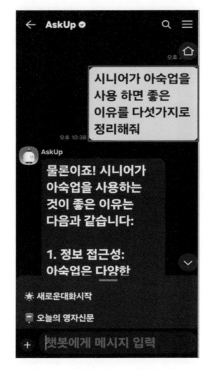 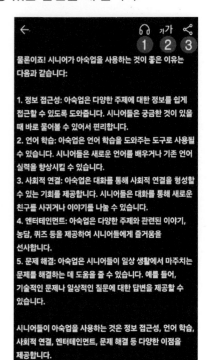

1 아숙업은 기본적으로 GPT-3.5를 사용합니다. "**아숙업 뜻이 뭐야**" 간단한 질문과 답변입니다. **2** 채팅창에 "**시니어가 아숙업을 사용하면 좋은 이유를 다섯가지로 정리해줘**"라고 질문을 했습니다. **3** 아숙업의 답변 다섯 가지입니다. 이때 답변 내용이 길면 우측 상단에 세 가지 아이콘이 나타나는데 [① 읽어주기 ② 글자 크기 조절 ③ 공유]입니다.

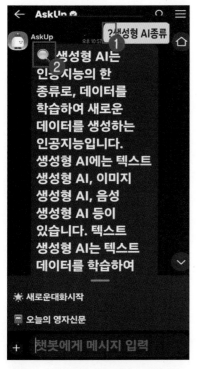 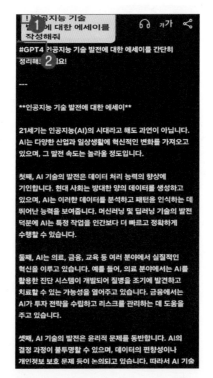 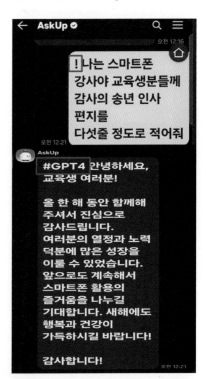

1 ① "**?검색어**"를 질문 하면 구글 검색 결과를 알려 줍니다. 답변 앞쪽에 ② [돋보기]가 붙어 있습니다. (튜토리얼에는 "?" 입력하면 최신정보를 알려 준다고 되어있지만 구글 검색을 해줍니다.) **2** 좀 더 심화된 답변을 얻기 위해 ① [!]입력 후 답변입니다. 답변 앞쪽에 ② [#GPT4]가 붙어 있습니다. **3** "**!질문**"입력 예시입니다.

아숙업 활용 **"URL 요약"**

아숙업은 URL 기반으로 웹 페이지나 동영상을 요약하지만, 서비스의 기술적 구현 방식에 따라 특정 유형의 URL이나 **콘텐츠**가 지원되지 않을 수 있습니다.

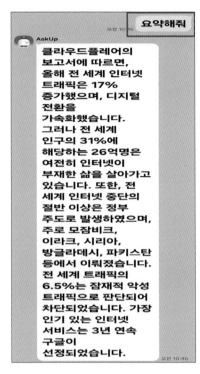
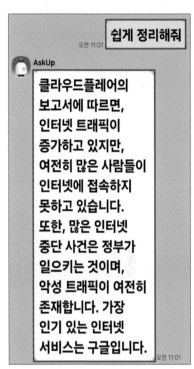

① 연합뉴스 URL을 복사 후 아숙업 채팅창에 붙여 넣기 후 전송합니다. ② **"요약해 줘"**라고 입력한 후 연합뉴스 기사가 정리된 내용입니다. ③ 채팅창에 다시 **"쉽게 정리 해줘"** 라고 입력한 후 결과입니다.

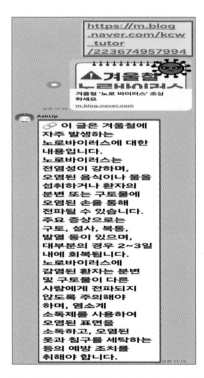
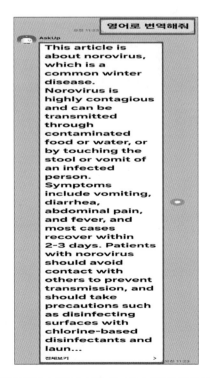

① 블로그 URL을 복사 후 아숙업 채팅창에 붙여 넣기 후 전송하면 **자동으로 요약**해 줍니다. ② **"영어로 번역 해줘"**라고 하면 정리된 내용을 영어로 번역해 줍니다. ③ CNN뉴스 URL을 붙여 넣으면 뉴스를 자동으로 번역해 정리해 줍니다.

아숙업 활용 이미지 생성 "그려줘" 기능 및 프로필 기능 활용

명확한 설명과 스타일을 지정해 주고, **"그려줘"** 라고 입력하면 해당 이미지를 생성해 줍니다.
프로필 기능 활용은 얼굴이 잘 드러난 고화질 사진을 사용하는 것이 좋습니다.

1 채팅창에 **"하얀 눈이 내리는 숲속에 불빛이 있는 작은 오두막집을 그려줘"**요청한 그림입니다. **2** **"사람은 빼고 다시 그려줘"** 요청한 그림입니다. **3** **"다시 그려줘"** 요청한 그림입니다. (마음에 드는 그림 나올 때까지 가능)

 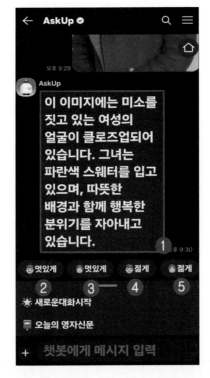 

1 채팅창에 ① [+] 터치합니다. ② [앨범]을 선택 후 ③ [프로필 사진]을 선택합니다. **2** ① [사진에 대한 설명 ② 남자 멋있게 ③ 여자 멋있게 ④ 남자 젊게 ⑤ 여자 젊게]를 선택할 수 있습니다. **3** 요청한 결과입니다.

아숙업 활용 **OCR**(광학 문자 인식 기술) / **푸드 렌즈**

사용자가 문서를 사진으로 찍거나 전송하면 그 내용을 읽고, 이해하고, 답변을 해 줍니다.

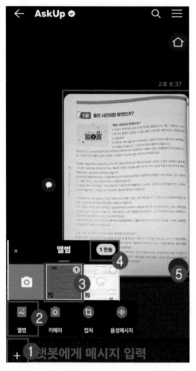  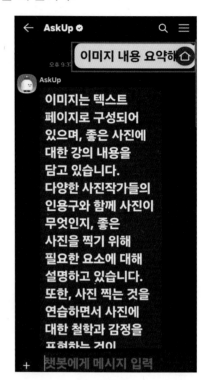

1 ① [+] 누릅니다. ② [앨범] ③ 갤러리에서 [사진 선택] ④ [전송] ⑤ 사진 업로드 **2** "글씨가 너무 많아 1,200자만 읽었습니다." 사진에 내용이 텍스트로 변환됩니다.(내용이 많을 때는 나누어서 촬영해 올립니다.)
3 "이미지 내용 요약해 줘" 라고 하면 내용을 요약해 줍니다.("이미지 내용 번역해 줘" 하면 번역도 해줍니다.)

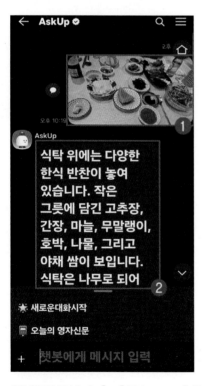 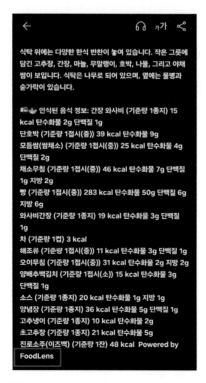 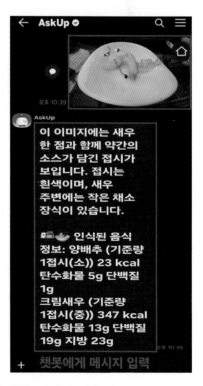

1 채팅창에 ① [+]를 누르고 [음식 사진]을 업로드 합니다. ② 음식사진에 대한 설명이 나옵니다.
2 [FoodLens]로 인식된 음식 정보의 칼로리 계산을 해 줍니다. **3** 크림 새우 사진에 대한 칼로리 계산입니다.
("크림 새우" 레시피를 알려달라고 하면 레시피도 알려 줍니다.)

아숙업 활용 "코딩 학습 & 영어 학습"

"?(물음표) 질문"을 하면 구글 검색을 해주고, "!(느낌표) 질문"을 하면 심층 있는 답변을 해 줍니다.

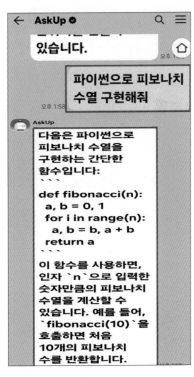

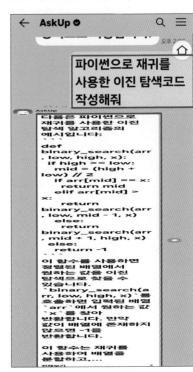

1 "파이썬으로 피보나치 수열 구현해줘" 요청한 결과입니다. **2** "버블 정렬을 해줘" 요청한 결과입니다.

3 "파이썬으로 재귀를 사용한 이진 탐색코드 작성해줘" 요청한 결과입니다.

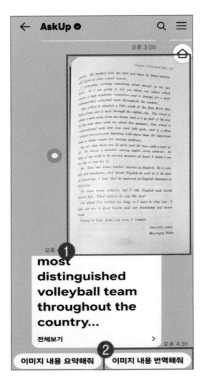

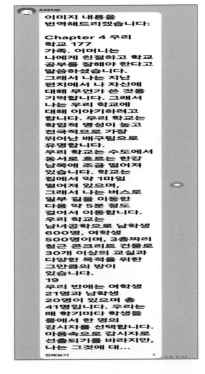

1 ① 채팅창에 ① 번역할 이미지를 올립니다. ② [이미지 내용 번역해줘]를 선택 합니다.

2 영어를 번역한 결과입니다. **3** 건강식품 사진을 올리고 "이미지 내용 번역해줘" 일어를 번역한 결과입니다.

여기서 소개되는 내용은 갤럭시 노트 10, 안드로이드 12, One UI 4.1 기반입니다.

[제미나이]는 구글이 개발한 최첨단 멀티모달 AI로 텍스트, 이미지, 오디오 등 다양한 정보를 동시에 처리하며 정확하고 답변을 제공합니다. 뛰어난 데이터 처리 능력과 접근성으로 교육, 과학, 금융 등 다양한 분야에 유용하게 활용할 수 있습니다. [제미나이]를 사용하려면 구글 [Play스토어]에서 앱을 설치합니다.

천천히, 지근지근 따라 하면 누구나 할 수 있어요!

1️⃣ [Play스토어]를 터치합니다. 2️⃣ ① 하단 [돋보기] 아이콘을 터치합니다. ② [검색창]을 터치합니다.

3️⃣ 검색창에 ① [제미나이]를 입력 후 검색이 완료되면 ② [설치]를 터치합니다.

  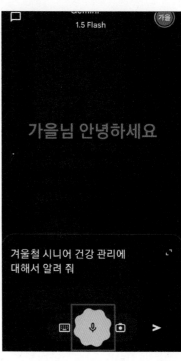

1️⃣ 제미나이를 실행하기 위해 [열기]를 터치합니다. 2️⃣ 검색하고자 하는 내용이 있으면 하단에 [마이크] 모양을 터치합니다. 3️⃣ 화면 하단 가운데 [파란색 마이크] 아이콘을 터치하면 음성 내용이 텍스트로 변환되어 입력됩니다.

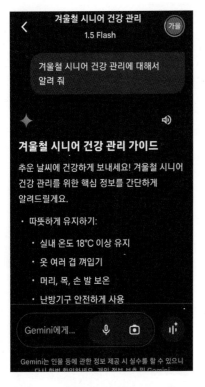
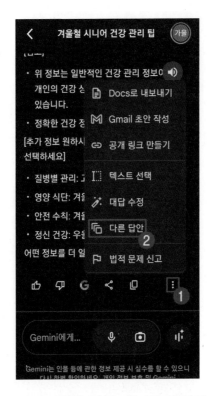
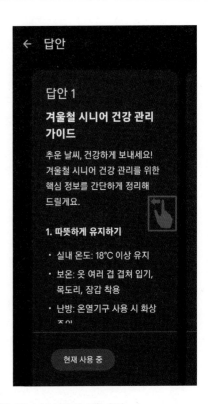

1️⃣ 질문에 대한 결과를 보여줍니다. 2️⃣ 다른 답안을 원할 때는 두 개의 답안을 더 보여주게 됩니다.
다른 답안을 원할 때는 ① [점 3개]를 터치하고 ② [다른 답안]을 터치합니다. 3️⃣ 질문에 대한 다른 답안 1을
확인 할 수 있습니다. 3️⃣ 다른 답안 2는 답안 1에서 화면을 [좌측]으로 드래그하면 확인 할 수 있습니다.

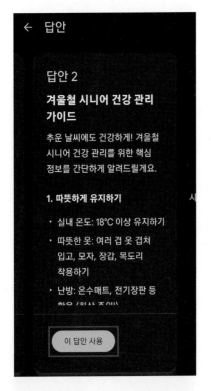
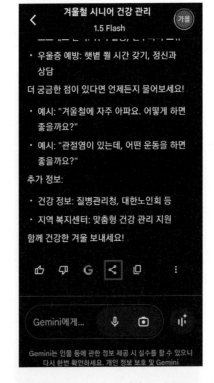

1️⃣ 다른 답안 2를 보여줍니다. 이 답안을 선택하려면 [이 답안 사용]을 터치합니다. 2️⃣ 해당 정보를 공유하고
싶을 때 [공유 버튼]을 터치합니다. 3️⃣ 공유하고 싶은 곳의 아이콘을 누르면 공유가 됩니다.

질문을 할 때 손가락으로 자판을 입력하는 것보다 음성으로 타이핑하면 좀 더 편합니다. 제미나이의 마이크는 빠르게 말하지 않으면 끊길 수 있으니, 기존 스마트폰 자판의 마이크를 사용하는 것이 더 좋습니다.

1 자판의 마이크를 사용하고자 한다면 하단의 [Gemini에게...]를 터치합니다.

2 기존 사용하시는 자판에 있는 [마이크]를 터치합니다. 자판 바에 마이크가 안 보이시는 분들은 왼쪽 하단에 [마이크]가 보이시면 터치하시면 됩니다. **3** 음성 이미지 생성을 위해 [마이크]를 터치합니다.

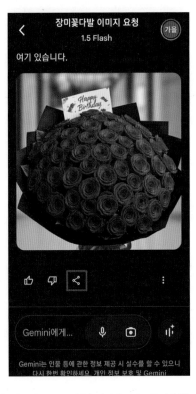

1 ① [**파란색 마이크**] 아이콘을 터치 후 만들고 싶은 이미지에 대한 설명을 음성으로 말하면 텍스트로 변환됩니다. ②생성된 이미지 결과를 얻기 위해 [**종이비행기**] 아이콘을 터치합니다. **2** 음성 명령을 통해 생성된 이미지가 표시됩니다. **3** 만족스러운 결과의 이미지가 나오면 [**공유 버튼**]을 터치하여 공유를 합니다.

90

옥티브 시니어들을 위한 AI 리터러시

1 제미나이에서 [@] 표시를 사용하면 검색 시 특정 Google 앱과의 연동 기능을 활성화할 수 있습니다. 간편한 항공편 검색을 위해 제미나이 서비스를 이용합니다. 하단의 [Gemini에게...]를 터치합니다.

2 한글 자판에서 [!#1] 모양을 터치합니다. 변환된 숫자 자판 [!@#]을 터치합니다. (자판이 천지인이냐 쿼티 자판이냐에 따라 다릅니다. 쿼티 자판의 경우 [!@#]가 보이지 않습니다.)

3 ① 자판에 [@] 모양을 터치하고 사용 설정된 ② [Google 항공편 검색]을 터치합니다.

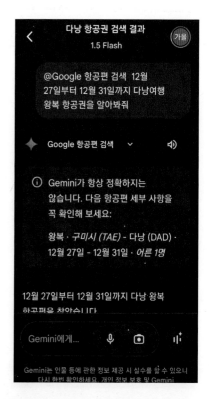

1 음성 인식 기능을 사용하려면 항공편 검색 시 [마이크] 아이콘을 터치합니다.

2 ① [파란색 마이크] 아이콘을 터치하면 음성 내용이 텍스트로 변환됩니다. ② 입력된 내용을 확인하고 [종이비행기] 모양을 터치합니다. **3** 입력된 검색 결과를 아래로 스크롤 하면 상세 내용을 확인할 수 있습니다.

호텔 정보 검색도 제미나이를 이용하면 편리하게 검색할 수 있습니다. **1** [Gemini에게...]를 터치합니다. 이전 항공편에서 했던 방법대로 자판에서 [!#1] 모양을 터치한후 [!@#]을 터치합니다. **2** ① 자판에서 [@] 모양을 터치합니다. ② 호텔 검색을 위해 [Google 호텔]을 터치합니다. **3** [마이크] 모양을 터치합니다.

1 ① [**파란색 마이크**] 아이콘을 터치하면 음성 내용이 텍스트로 변환됩니다. ② 입력된 내용을 확인하고 [**종이비행기**] 모양을 터치합니다. **2** 입력된 검색 결과를 아래로 스크롤하면 상세 내용을 확인할 수 있습니다. 검색 결과에 대한 설명은 [**음성**] 아이콘을 터치하면 들을 수 있습니다. **3** 음성 설명을 멈추고 싶을 땐 [**정지**] 버튼을 터치합니다.

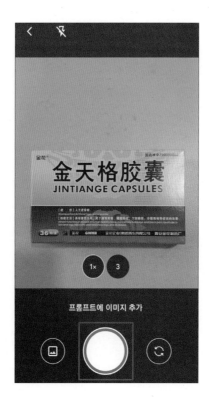
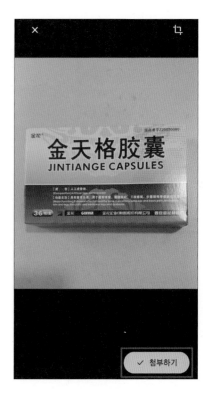

해외 약품의 성분 효능을 파악하고자 할 때, 제미나이의 카메라를 활용하면 번역 기능을 통해 간편하게 정보를 알 수 있습니다. **1** 제미나이에서 [**카메라**] 모양을 터치합니다. **2** 찾고 싶은 약을 카메라에 비추고 [**촬영**] 버튼을 터치합니다. **3** 인식된 물품에 [**첨부하기**]를 터치합니다.

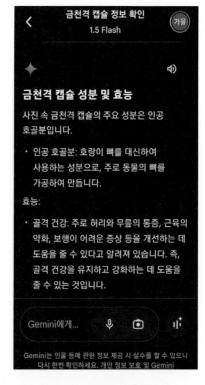

1 인식된 물품에 대한 상세 정보를 확인하기 위해 [**마이크**] 모양을 터치합니다. **2** ① [**파란색 마이크**] 아이콘을 터치하면 음성 내용이 텍스트로 변환됩니다. ② 입력된 내용을 확인하고 [**종이비행기**] 모양을 터치합니다. **3** 검색된 약품의 명칭, 주요 성분 및 약효에 대한 번역된 정보를 확인할 수 있으며 아래로 스크롤 하면 자세한 내용을 알 수 있습니다.

제미나이 카메라 기능을 활용하여 궁금한 식물의 종류 및 관리 방법을 확인할 수 있습니다. **1** 제미나이에서 **[카메라]** 모양을 터치합니다. **2** 화면상의 지정된 영역에 화분을 위치시킨 후 **[촬영]** 버튼을 터치합니다. **3** 인식 대상에 첨부 기능을 위해 **[첨부하기]**를 터치합니다.

1 인식된 대상의 상세 정보를 얻기 위해 **[마이크]** 모양을 터치합니다. **2** ① **[파란색 마이크]** 아이콘을 터치하면 음성 내용이 텍스트로 변환됩니다. ② 입력된 내용을 확인하고 **[종이비행기]** 모양을 터치합니다. **3** 검색 결과를 아래로 스크롤 하면 해당 식물의 종류와 특징을 상세히 확인할 수 있습니다.

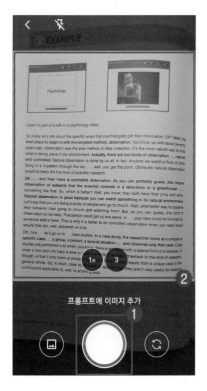

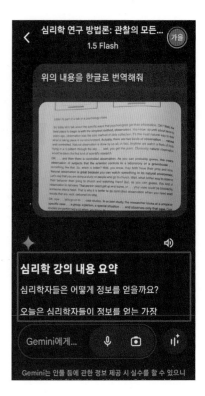

카메라를 통한 실시간 번역 기능을 소개합니다. 1️⃣ ① 제미나이의 카메라를 실행하여 ② 카메라 지정 영역에 번역하고자 하는 페이지를 위치시킨 후 [촬영] 버튼을 터치합니다. 인식 대상에 첨부 기능을 위해 [첨부하기]를 터치합니다. 2️⃣ ① [마이크]를 터치하고 ② "위의 내용을 한글로 번역해 줘"라고 말합니다. 3️⃣ 번역한 결과가 표시됩니다. 아래로 스크롤 하면 자세히 볼 수 있습니다.

구글 제미나이 라이브는 실시간 자연스러운 대화를 나눌 수 있습니다. 1️⃣ 음성 인식 기능이 있는 우측 하단의 [구글 제미나이 라이브 아이콘]을 터치합니다. 2️⃣ 제미나이와 말벗처럼 실시간 대화를 주고받습니다. 3️⃣ 대화를 중단하고 싶을 땐 [정지] 버튼을 터치합니다.

제미나이 라이브는 진정한 대화형 서비스입니다. 친구와 대화하는 것처럼 아이디어를 브레인스토밍하고, 새로운 주제를 탐색하거나, 중요한 프레젠테이션을 앞두고 연습할 때도 제미나이 라이브가 함께 합니다. 제미나이 라이브는 대화의 흐름을 기억하기 때문에 언제든 자유롭게 대화를 중단하거나, 대화의 방향을 전환하거나, 특정 주제를 심층적으로 논의할 수 있습니다.

한국어 이용자가 제미나이를 활용했던 예시

① 주방에서도 두 손을 자유롭게

예시
"제미나이, '카레 만들기' 재료와 레시피 알려줘."
제미나이: "재료로는 감자, 당근, 양파, 닭고기, 그리고 카레 가루가 필요해요. 먼저 야채를 썰고..."

② 빠르게 조언 구하기

예시
"간장이 떨어졌는데 어떤 소스로 대체할 수 있을까?"
제미나이: "간장 대신 타마리 소스나 액젓을 사용하거나, 꿀과 식초를 섞어도 괜찮습니다."

③ 새로운 언어 배우기

예시
"제미나이, '안녕하세요'를 일본어와 스페인어로 알려줘."
제미나이: "일본어로는 'こんにちは'(곤니치와), 스페인어로는 'Hola'(올라)라고 해요."

④ 면접 및 연설 준비

예시 1
"제미나이, 면접 질문으로 '왜 이 직무를 선택했나요?'라고 물어봐줘."
제미나이: "왜 이 직무를 선택했나요?"
사용자: "저는 이 직무가 제 열정과 능력에 가장 잘 맞는다고 생각합니다..."

예시 2
"프레젠테이션 오프닝에 주목받을 수 있는 문장 추천해줘."
제미나이: "여러분, 오늘 이 자리에서 여러분의 삶을 변화시킬 수 있는 한 가지를 소개하겠습니다."

⑤ 즐기기

예시 1
"제미나이, 'AI'로 삼행시 지어봐."
제미나이: – A: AI는
– I: 인간의 삶을 더욱 편리하게 만듭니다.

예시 2
"끝말잇기 하자. 내가 '사과'라고 하면 네가 이어줘."
제미나이: "과일 ➡ 일몰 ➡ 몰래!"

예시 3
"MBTI로 ENFP에 대해 분석해줘."
제미나이: "ENFP는 활발하고 창의적이며, 새로운 아이디어를 탐구하는 데 열정적인 유형입니다. 하지만 감정적으로 예민할 수 있습니다."

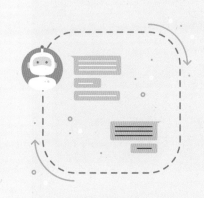

구글 어시스턴트 활용하기

구글 어시스턴트는 음성명령을 통해 다양한 작업을 수행할 수 있는 인공지능 기반의 가상 비서입니다.

일상생활에서 편리하게 사용할 수 있는 일정 관리, 정보 검색, 메시지 보내기 등 다양한 기능을 제공합니다.

구글 어시스턴트를 설치하겠습니다.

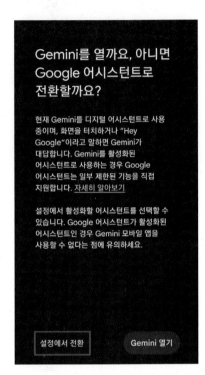

1 [Play 스토어]에서 검색창에 [구글 어시스턴트]를 입력하고 [설치]를 터치합니다. **2** [열기]를 터치합니다. **3** 제미나이로 지정되었을 때 구글 어시스턴트로 전환합니다. [설정에서 전환]을 터치합니다.

1 전환할 [구글 어시스턴트] 빨간색 박스를 터치합니다. **2** 하단에 [전환] 글자를 터치합니다.
3 ① 하단에 [마이크]를 터치하면 ② [다양한 음성명령]을 수행합니다.

구글 어시스턴트를 활용하고자 한다면 [어시스턴트 앱 아이콘]을 터치해서 질문해도 되고, [스마트폰]의 홈 화면
[홈 버튼]을 이용해서 실행할 수 있습니다. **1** 하단의 [홈 버튼]을 길게 누릅니다. **2** [어시스턴트]가 실행
이 됩니다. **3** ① ["오늘 서울 날씨 알려 줘"] 라고 명령 하면 ② [결과]를 표시해 주면서 음성으로 알려줍니다.

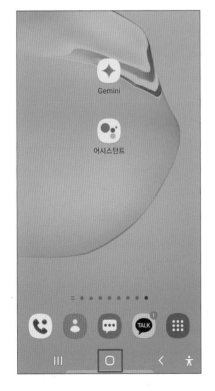

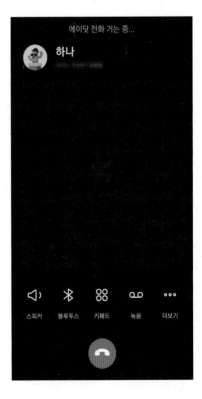

구글 어시스턴트를 활용하여 간편하게 전화 통화를 할 수 있습니다. **1** 하단의 [홈 버튼]을 길게 누릅니다.
2 [어시스턴트]가 실행이 됩니다. **3** 전화번호부에 연락처가 저장된 경우 "○○에게 전화해 줘"라고 명령을
하면 상대방에게 전화 연결이 됩니다.

구글 어시스턴트 명령어 사용 팁(Tip)

1 **천천히 또렷하게 말하기** : 구글 어시스턴트가 정확하게 알아듣도록 천천히 말해주세요.

2 **간단한 문장으로 묻기** : 복잡한 문장보다는 간단한 문장으로 질문하면 더욱 정확한 답변을 얻을 수 있습니다.

3 **다양한 질문 시도하기** : 자주 사용할수록 더욱 익숙해지고 편리하게 사용할 수 있습니다.

● **시간 관련 명령어**

"**지금 몇 시야?**" : 현재 시간을 확인할 수 있습니다.

"**내일 아침 10시에 알람 설정해 줘.**" : 특정 시간에 알람을 설정할 수 있습니다.

● **날씨 관련 명령어**

"**오늘 날씨 어때?**" : 외출 전 오늘의 날씨 정보를 확인할 수 있습니다.

"**내일 비 올 확률은?**" : 내일의 강수 확률을 알 수 있습니다.

● **뉴스 관련 명령어**

"**오늘 주요 뉴스 들려줘.**" : 빠르게 최신 뉴스를 들을 수 있습니다.

"**(각 방송사 이름을 대고) 뉴스 들려줘.**" : 특정 방송사의 뉴스를 요청할 수 있습니다.

● **스마트폰 기본 제어**

"**와이파이 켜줘.**" : 와이파이가 활성화되면, 처음 방문한 장소에서는 비밀번호를 입력하면 됩니다.

"**손전등 켜줘.**" : 어두운 곳에서 바로 손전등을 켜주므로 유용합니다.

"**화면 밝기 낮춰줘.**" : 화면 밝기가 어두우면 배터리 절약에도 도움이 됩니다.

● **번역**

"**안녕하세요를 영어로 번역해 줘.**" : 외국어 표현을 즉시 확인할 수 있습니다.

● **질문 및 검색**

"**서울 인구수는?**" : 궁금한 점을 검색할 필요 없이 바로 확인할 수 있습니다.

● **타이머 및 계산기**

"**10분 타이머 설정해줘.**" : 요리나 운동 등 시간을 측정할 때 유용합니다.

"**500 곱하기 20은 얼마야?**" : 단순한 계산을 정확하게 처리해 줍니다.

● **힐링 사운드**

"**비 또는 파도 소리 들려줘**": 힐링과 휴식을 위해 다양한 소리를 감상할 수 있습니다.

1. OCR(광학문자인식) 기술은 어떤 기능을 제공하나요?

① AI가 생성한 이미지를 자동으로 삭제한다.

② 텍스트를 수정 없이 저장만 한다.

③ 번역 기능을 제공하지 않는다.

④ 이미지를 읽고 텍스트로 변환하여 질문에 답한다.

2. 네이버 렌즈를 활용하려면 어떤 단계를 따라야 하나요?

① 카메라 앱을 열고 물건을 촬영한다.

② 네이버 앱을 열고 검색창 오른쪽의 그린닷 아이콘을 터치한다.

③ 스마트폰 설정에서 '렌즈 모드'를 활성화한다.

④ QR코드 스캔 기능을 먼저 켠다.

3. AskUp의 링크 요약 기능은 어떤 방식으로 동작하나요?

① 링크를 통해 이미지를 생성한다.

② 링크를 인식하지 않고 오류를 반환한다.

③ 웹페이지 링크를 입력하면 내용을 텍스트로 요약한다.

④ 링크 내용을 자동으로 삭제한다.

4. 제미나이(Gemini)의 주요 기능은 무엇인가요?

① 텍스트, 이미지, 오디오를 동시에 처리하며 다양한 정보를 제공한다.

② 한국어만 지원하며 영어는 번역 기능이 필요하다.

③ 멀티미디어 데이터를 처리할 수 없으며 텍스트 기반 응답만 제공한다.

④ 교육용으로만 사용할 수 있다.

5. 제미나이의 카메라 기능으로 할 수 있는 작업은 무엇인가요?

① 실시간으로 카메라에 비친 텍스트를 번역한다.

② 이미지를 텍스트로 변환하지 못한다.

③ 카메라 기능은 오직 사진 촬영에만 사용된다.

④ 번역된 내용을 저장하지 못한다.

6. 구글 어시스턴트에서 음성 명령으로 알람을 설정하려면 어떻게 해야 하나요?

① '알람 설정' 메뉴를 스마트폰에서 직접 열어야 한다.

② 알람은 음성 명령으로 설정할 수 없다.

③ "내일 아침 7시에 알람 설정해 줘"라고 말하면 된다.

④ 설정 메뉴에서 알람 기능을 활성화해야 한다.

99

천천히, 차근차근 따라 하면 누구나 할 수 있어요!

8강 삼성 빅스비

Bixby 란?

삼성전자에서 생활을 보다 더 편리하게 할 수 있도록 도와주는 인공지능(AI) 기반의 개인비서 서비스입니다.

빅스비는 직접 말하거나, 문자를 입력해 사용자가 원하는 기능을 실행하거나 정보를 검색해서 보여주는 등 다양한 작업을 수행합니다.

또한, 사용자의 사용 습관과 환경을 학습하여 많이 사용할수록 사용자를 더욱 정확하게 이해할 수 있고, 삼성 가전제품을 스마트싱스 앱에 연결하여 빅스비를 통해서 손쉽고 편리하게 제어할 수 있습니다.

● 빅스비 실행을 위한 방법 ❶

1️⃣ 홈 화면에서 [설정]을 터치합니다.

2️⃣ 우측 상단 돋보기 모양의 [검색 아이콘]을 터치합니다.

3️⃣ [빅스비 설정]이라고 검색합니다.

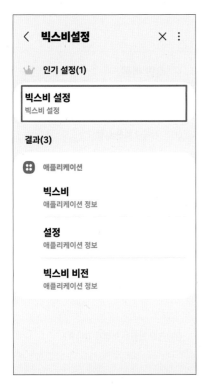

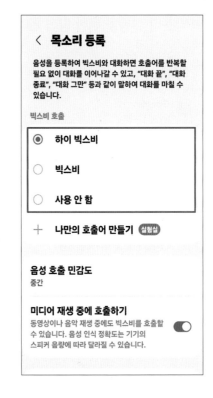

1️⃣ [빅스비 설정]을 터치합니다. 2️⃣ [목소리 등록]을 터치합니다.

3️⃣ 빅스비 실행 시 [원하는 호출어]를 선택합니다. 호출어 사용을 원치 않을 시 사용 안 함을 선택할 수 있습니다.

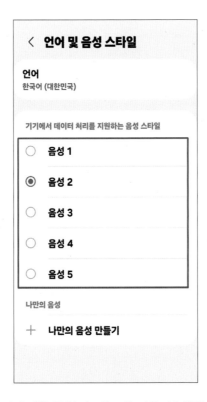
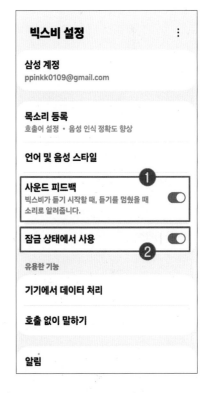

1️⃣ [언어 및 음성 스타일]을 터치합니다. 2️⃣ 취향에 맞는 음성을 선택합니다.

3️⃣ 빅스비 설정 메뉴에서 ① [사운드 피드백]을 활성화하면 빅스비가 실행 중인지 멈춰있는지 소리로 알림을 받을 수 있습니다. ② [잠금 상태에서 사용]을 활성화하면 휴대폰 잠금 중에도 빅스비를 실행할 수 있습니다.

● 빅스비 실행을 위한 방법 ❷

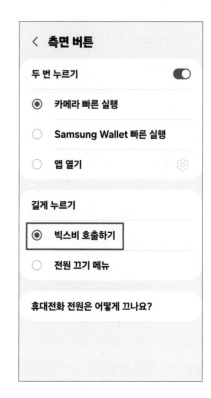

❶ 설정 화면에서 [**유용한 기능**]을 터치합니다. **❷** [**측면 버튼**]을 터치합니다.
❸ [**빅스비 호출하기**]를 선택합니다.

측면 버튼에서 빅스비 호출하기를 선택했을 시 음성 호출 없이 [**측면 버튼**] (손가락이 가리키는 지점)을 길게 눌러 빅스비를 실행시킬 수 있습니다.

● 음성 호출을 통한 빅스비 활용 예시 ❶

  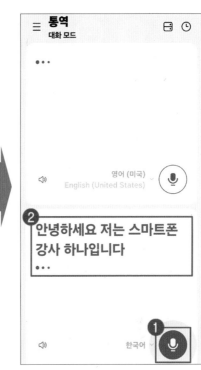

1 "하이 빅스비"라고 음성으로 빅스비를 실행한 뒤 [영어로 통역해 줘]라고 음성으로 명령합니다.

2 ① [마이크]를 터치해서 켜줍니다. ② [음성으로 통역할 내용]을 명령합니다.

3 명령어가 끝나면 음성과 텍스트로 통역이 되는 걸 확인 할 수 있습니다.

● 음성 호출을 통한 빅스비 활용 예시 ❷

 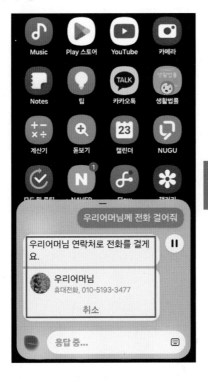 

"하이 빅스비"라고 음성으로 빅스비를 실행한 뒤 내 연락처에 저장된 이름으로 **1** [○○○에게 전화 걸어줘]
라고 음성으로 명령합니다. **2** "○○○ **연락처로 전화를 걸게요**"라는 메시지를 확인 할 수 있습니다.
(취소를 원할 시 취소를 터치하시면 전화 발신은 중단됨.) **3** 원하는 대상과 전화가 연결되었습니다.

● 음성 호출을 통한 빅스비 활용 예시 ❸

  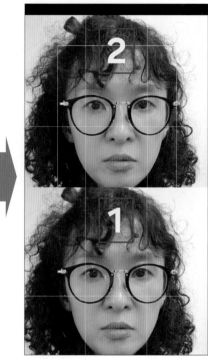

① **"하이 빅스비"**라고 음성으로 빅스비를 실행한 뒤 [**셀카 찍어줘**]라고 음성으로 명령합니다.

② 카메라 앱이 셀카모드로 실행됩니다. ③ 2초, 1초 숫자가 나온 뒤 찰칵 소리와 함께 사진 촬영이 되었음을 확인할 수 있습니다. 촬영된 사진은 갤러리에서 확인할 수 있습니다.

● 측면 버튼을 통한 빅스비 활용 예시 ❶

1️⃣ 측면 버튼을 길게 눌러 빅스비를 실행한 뒤 2️⃣ [유튜브에서 ○○○○틀어줘]라고 음성으로 명령합니다.
3️⃣ 원하는 유튜브 영상이 재생되는 것을 확인 할 수 있습니다.

● 측면 버튼을 통한 빅스비 활용 예시 ❷

1️⃣ 측면 버튼을 길게 눌러 빅스비를 실행한 뒤 2️⃣ [볼륨 올려줘]라고 음성으로 명령합니다.
3️⃣ 볼륨 창이 활성화 되면서 한 단계 커진 음량을 확인할 수 있습니다.

빅스비 명령어 예시

리마인더

○○○에게 9시에 전화하라고 알려줘.

○○○에게 약 챙겨 드시라고 알려줘.

○○○에게 문자 보내줘.

(내 연락처에 저장된 이름으로 말해야 함)

리마인드 모두 보여줘.

(리마인드한 내용을 한 번에 확인하고 싶은 경우)

시간

지금 몇 시야? / 지금 뉴욕 몇 시야?

5분 뒤 알람 해줘.

타이머 1분 설정해 줘.

내일 일출 시각 알려줘.

내일 울릉도 밀물 시각 알려줘.

지금부터 달걀 반숙하기 좋은 시간으로 알람 해줘.

질문

사과 칼로리 알려줘.

2024x1981은 뭐야?

현재 달러 환율 알려줘.

천만 원에 이십 퍼센트 얼마야?

사랑에 관련된 명언 5개 알려줘.

대치동에 오피스텔 시세 알려줘.

오늘 코스닥 주가는 어떻게 되?

스타벅스 아메리카노 가격은?

숙취 해소에 좋은 메뉴 추천해 줘.

후시딘 연고 사용법 알려줘.

게임

나 게임하고 싶어. 게임 실행시켜줘

전화기 찾기

내 전화기 어디 있어?

("네, 전화기를 찾아볼게요."

　안내 후 커다란 알림 소리가 울림)

전화 / 문자

○○○에게 전화 걸어줘.

○○○에게 내일 만나자고 문자 보내줘.

확인 안 한 문자 읽어줘.

지금 받은 문자 삭제해 줘.

(전화 / 문자 명령은 내 연락처에

　저장된 번호만 가능함)

실행

갤러리에서 어제 사진 가져와줘. / 또는

갤러리에서 ○○월 ○○일 사진 가져와줘.

○○○랑 통화 녹음한 거 들려줘.

(내 연락처에 저장된 이름을 말해야 함)

세탁기 남은 시간 알려줘. / 건조기 전원 꺼줘.

(스마트싱스가 지원되는 삼성 가전제품을

　휴대폰에 등록 후 사용)

번역 / 통역

일본어로 안녕하세요. 알려줘.

영어로 통역해 줘 / 중국어로 통역해 줘.

(입력 언어로는 60개 언어 지원. 번역

결과로는 104개 언어를 지원함)

장소 / 지역

시청 근처에 산책하기 좋은 곳 알려줘.

아산병원 근처에 죽 전문점 알려줘.

잠실역에서 가까운 GS25 편의점 알려줘.

9강 갤럭시 AI 기능 활용하기

갤럭시 S20 이하 AI 기능 활용하기

1 개체 지우기

1 스마트폰 화면에서 [갤러리]를 터치합니다. 2 갤러리에서 편집할 사진을 선택 후 하단 메뉴 두번째 [연필] 모양의 편집 아이콘을 터치합니다. 3 [점세 개] 아이콘을 터치합니다.

1 메뉴 창에서 [AI 지우개]를 터치합니다. 2 ① 지우고 싶은 개체를 터치하거나 개체를 따라 그려줍니다.
② [지우기]를 터치합니다. 3 개체가 원하는 대로 잘 지워졌다면 [완료]를 터치합니다.

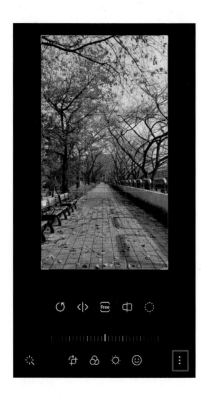

1 ① 완성된 사진을 저장하기 위해 우측 하단 [점세 개] 아이콘을 터치합니다.

2 원본 사진을 보호하기 위해[다른 파일로 저장]을 터치합니다.

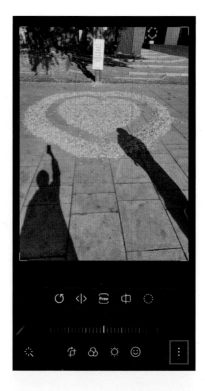

1 ① 갤러리에서 편집할 사진을 선택 후 하단 메뉴에서 [연필] 모양의 편집 아이콘을 터치합니다.

2 [점세 개] 아이콘을 터치합니다. 3 메뉴 창에서 [AI 지우개]를 터치합니다.

1️⃣ ① [**그림자 지우기**]를 터치합니다. 2️⃣ [**완료**]를 터치한 후 3️⃣ 다른 파일로 저장합니다.

3️⃣ 사진 배경분리

1️⃣ 갤러리에서 편집할 사진을 선택 후 배경과 분리하고 싶은 개체를 길게 터치합니다. 개체가 분리되는 것을 확인 후 손을 떼면 2️⃣ 분리된 개체를 [**복사, 공유, 저장**]하실 수 있습니다.

3️⃣ 따로 분리된 개체를 다른 배경에 활용한 화면입니다.

4 사진에서 텍스트 추출

1 갤러리에서 사진 속에 텍스트가 있는 사진을 선택한 후 오른쪽 하단에 [T]를 터치합니다.

2 사진 속에 텍스트가 전부 선택된 것을 확인할 수 있습니다.

3 텍스트 전체 또는 물방울 아이콘을 이동하여 원하는 텍스트만 [**복사, 모두 선택, 공유**]하기 할 수 있습니다.

5 타임랩스

타임랩스는 시간의 흐름을 빠르게 보여주는 영상 제작 기법입니다. 마치 영화에서 시간을 되감는 장면처럼, 실제로는 오랜 시간 동안 변화하는 모습을 짧은 시간 안에 담아내는 것입니다. 그런데 갤럭시에서 찍은 사진 중, 일반 사진인데도 촬영한 사진 하단에 [⊙ 타임랩스] 표시가 있는 경우가 있습니다.

1 갤러리에서 사진 속에 타임랩스가 있는 사진을 선택한 후 오른쪽 하단에 [⊙]을 터치합니다.

2 ① 화면이 변하는 것을 확인할 수 있습니다. 사진의 움직임을 AI가 가상으로 만들어 영상으로 제작해 줍니다. ② 영상을 저장하고 싶다면 [**다른 파일로 저장**]을 터치합니다. 타임랩스는 직접 적용하는 기능이 아니며 사진의 풍경 등을 고려하여 AI가 자동으로 적용해 주는 기능입니다.

갤럭시 S22 울트라 이상 AI 기능 활용하기

1️⃣ 스마트폰이 업데이트되면서 갤럭시 포토에디터 기능도 추가 되었습니다. 갤러리에서 편집할 사진을 선택 후 **[포토 어시스트]**를 터치합니다.

2️⃣ ① 이동하고 싶은 개체를 손가락으로 길게 눌러 원하는 곳으로 이동합니다. ② **[생성]**을 터치합니다.

3️⃣ 개체가 이동한 자리를 AI가 감쪽같이 메꾸어준 것을 확인할 수 있습니다. ① **[원본 보기]**를 터치하여 편집 전후를 확인할 수 있습니다. ② 편집한 사진을 저장하려면 **[다른 파일로 저장]**을 터치합니다.

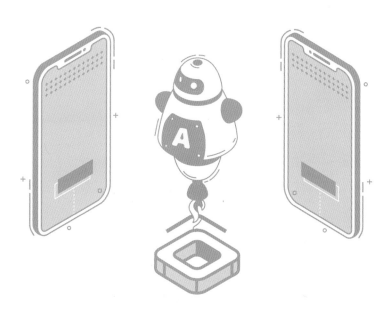

구글 포토에서 AI 기능 활용하기

구글 포토는 사진을 저장하고 관리할 수 있는 클라우드 서비스입니다. 스마트폰에서 찍은 사진을 자동으로 저장해주고, AI 기능을 활용해 어두운 사진을 밝게 만들거나 색이 흐린 사진을 선명하게 보정하는 등의 다양한 기능을 제공합니다. 특히, 사진 보정 기능은 복잡한 작업 없이 몇 번의 클릭만으로 전문가 수준의 사진을 만들 수 있습니다. 또한 원본 사진은 그대로 있고 사본으로 저장되기에 걱정할 필요가 없습니다. 부모님들이 손쉽게 활용할 수 있는 앱이니, 가족사진, 풍경 사진, 오래된 사진 등으로 하나씩 천천히 따라 해 보시기 바랍니다.

1 준비 사항

- 구글 포토 앱 설치 및 구글 계정에 로그인해야 합니다.
- 인터넷에 연결되어 있어야 합니다. (와이파이나 데이터 연결 상태 확인)

2 구글 포토 앱 설치하기

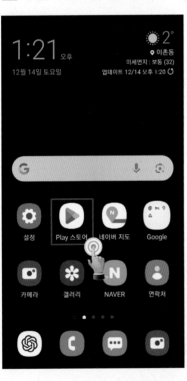  

1 [Play스토어]를 터치합니다.

2 ① 하단 [검색] 아이콘을 터치한 후 ② [돋보기] 검색창을 터치합니다.

3 ① 검색창에 [**구글 포토**]를 입력합니다. ② 구글 포토를 선택한 후 [**설치**] 버튼을 눌러 설치를 완료합니다.
③ [**열기**]를 터치합니다.

3 사진 업로드하기

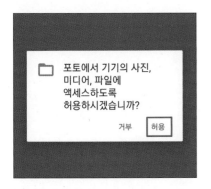

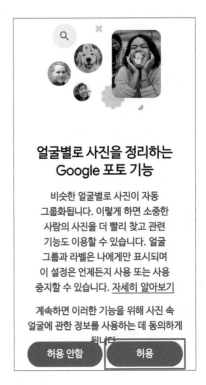

1 구글 포토 앱을 사용하기 위해서 기기의 사진과 미디어 파일에 접근할 수 있도록 [허용]을 터치합니다. 이어서 [계속]을 터치합니다. 2 ① 백업 사용 설정을 위해 [활성화 버튼]을 오른쪽으로 켜야 합니다. ② [시작하기]를 터치합니다. 3 [허용]을 터치합니다.

4 AI 보정 기능 활용하기

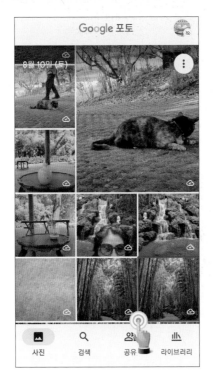

1 [포토] 앱을 터치합니다. 2 수정하고 싶은 [사진]을 선택합니다. 3 [수정]을 터치합니다.

수정 탭을 터치하면 [AI 추천]탭이 자동으로 활성화됩니다. AI 추천은 사진을 분석해 밝기, 색상, 선명도를 자동으로 조정하여 효과를 추천해 줍니다. 위의 3개의 사진 효과가 모두 다르게 추천된 것을 알 수 있습니다. 한 번씩 클릭해서 사진의 색감 변화를 경험해 보세요.

1️⃣ 사진 크기를 조정하려면 ① [자르기] 탭을 터치합니다. ② 순서대로 [비율 조정 옵션], [회전], [좌우 반전], [기울기] 버튼입니다. ③ 위의 게이지를 손가락으로 누른 채 좌우로 움직여 수평, 수직 기울기를 조절합니다. 첫 번째 [비율 조정 옵션]을 터치하여 2️⃣ 다양한 비율 옵션을 선택할 수 있습니다. 3️⃣ 손가락을 안쪽으로 드래그 하여 영역을 지정한 후 손가락을 놓으면 자동으로 크기가 선택됩니다.

1 사진을 전문가처럼 돋보이게 하려면 ① [도구]탭을 터치합니다. ② [블러]를 터치합니다. 블러가 활성화되면서 사진에서 자동으로 초점이 맞춰진 부분과 배경을 분석합니다. **2** ① [자동]을 선택할 수 있고, ② 게이지를 좌우로 움직여 설정할 수도 있습니다. ③ [완료]를 터치합니다. 블러는 배경을 흐리게 만들어 사진 속 사물을 더 선명하고 돋보이게 합니다. **3** 인물이 더 선명하게 부각된 것을 알 수 있습니다. 결과물을 확인한 후 저장합니다.

1 도구 탭의 [매직 지우개]를 선택합니다. **2** AI가 사진 속 불필요한 객체를 자동으로 감지해 하이라이트 표시하며, 자동으로 제거합니다. 직접 손가락이나 터치펜을 이용하여 제거할 영역을 그릴 수 있습니다.

3 [완료]를 터치합니다. 깔끔하게 제거된 것을 확인할 수 있습니다. 사본 저장을 합니다.

※ 도구 탭 또한 AI 추천 탭과 동일하게 사진에 따라 자동으로 효과를 추천합니다.

1 밝기, 색상 등을 조정하려면 ① [조정]탭을 터치합니다. ② [밝기], [대비], [HDR 효과], [화이트 포인트], [하이라이트], [어두운 부분 조절], [블랙 포인트], [채도], [색온도], [색조], [피부톤], [블루톤], [돋보이게], [선명하게], [노이즈 제거], [비네드] 등 왼쪽으로 드래그하면 다양한 조정 메뉴 모음들이 나타납니다. **2** ① [대비]를 선택합니다. ② 게이지를 손가락으로 누른 채 좌우로 움직여 조절합니다. 사진의 색감, 밝기, 대비 등을 미세하게 조정한 후 ③ [완료]를 터치합니다. **3** [사본 저장]을 터치합니다. 작업을 하면서 저장하는 것이 좋습니다. 사본 저장임으로 원본은 살아 있습니다.

> **조정 탭의 주요 기능**

- **밝기:** 사진 전체의 밝기를 조정합니다.
- **대비:** 사진의 밝은 부분과 어두운 부분의 차이를 조정합니다.
- **HDR 효과:** 사진의 밝은 부분과 어두운 부분을 조정해 디테일과 균형을 살려주는 기능입니다.
- **화이트 포인트:** 사진에서 흰색이 더욱 또렷하게 보이도록 조정합니다.
- **하이라이트:** 사진에서 밝은 부분의 밝기를 조정합니다.
- **어두운 부분 조절:** 사진에서 어두운 부분의 밝기를 조정합니다.
- **블랙 포인트:** 사진의 가장 어두운 영역의 강도를 조정해 대비를 강화합니다.
- **채도:** 사진의 색상을 더 강하게 또는 약하게 만듭니다.
- **색온도:** 사진의 색감을 따뜻하거나 차갑게 조정하는 기능입니다.
- **색조:** 사진의 색상에 약간의 녹색이나 보라색 느낌을 더해 특정 분위기를 만듭니다.
- **피부톤:** 인물 사진에서 피부의 색감을 자연스럽게 보정하거나 강조합니다.
- **블루톤:** 사진의 파란색 영역(하늘, 바다 등)을 조정해 더 차갑거나 강렬하게 만듭니다.
- **돋보이게:** 사진의 전체적인 선명도와 대비를 높여 주요 피사체를 더 돋보이게 만듭니다.
- **선명하게:** 사진의 경계와 디테일을 강조해 더 또렷하게 보이게 합니다.
- **노이즈 제거:** 어두운 환경에서 찍은 사진에 나타나는 거친 입자(노이즈)를 줄여 부드럽게 만듭니다.
- **비네드:** 사진의 가장자리를 어둡게 또는 밝게 만들어 초점을 중앙으로 모으게 합니다.

● 사용 방법

① 게이지를 좌우로 조절해 값을 변경할 수 있습니다. 조금씩 조정하며 원하는 느낌을 찾으세요.

② 사진을 길게 누르면 원본 상태와 보정 후 상태를 비교할 수 있습니다.

③ 마음에 드는 결과를 선택해 저장하세요.

천천히, 차근차근 따라 하면 누구나 할 수 있어요!

1 사진의 분위기를 바꾸려면 ① [필터] 탭을 터치합니다. ② 필터에는 [선명], [플라야], [허니], [이슬라], [사막], [클레이], [팔마], [블러쉬], [알파카], [모데나], [웨스턴], [메트로], [시네마], [바자], [올리], [오닉스], [에펠], [보그], [비스타] 등 다양한 메뉴들이 있습니다. 원하는 메뉴를 터치만 하면 됩니다.

2 [알파카]를 선택해 보았습니다. 사진이 따뜻하고 부드러운 느낌으로 변했습니다.

3 ① [에펠]을 터치해 클래식하고 빈티지한 느낌으로 흑백 감성을 살리고 싶을 때 선택하면 좋습니다.

② [사본 저장]을 터치합니다.

※ 필터는 사진 편집 초보자도 쉽게 사용할 수 있도록 자동 조정 기능이 포함되어 있어 클릭 한 번으로 손쉽게 활용할 수 있습니다.

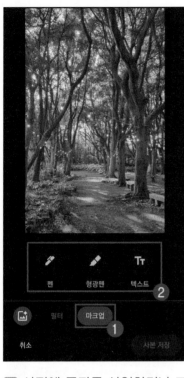

1 사진에 글자를 삽입하거나 그림을 그리려면 ① [**마크업**]탭을 터치합니다. ② [**펜**], [**형광펜**], [**텍스트**] 메뉴가 나타납니다. 세 번째 위치한 텍스트를 선택하여 **2** ① [**내용을 입력해 주세요**]란에 글자를 입력합니다. ② 글자색을 선택합니다. ③ [**완료**]를 터치합니다.

3 ① 손가락으로 글의 위치와 크기를 설정할 수 있습니다. ② [**완료**]를 터치합니다.

※ 글자체 및 펜, 형광펜의 두께 및 투명도는 고정되어 있습니다.

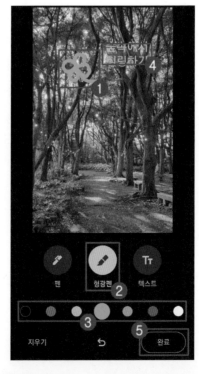

1 ① [**펜**]을 터치합니다. ② 펜의 색깔을 선택합니다. **2** ① 손가락 또는 터치펜으로 그림을 그립니다.

② [**형광펜**]를 터치합니다. ③ 색을 선택하고, ④ 강조하고 싶은 부분에 형광펜을 사용합니다.

⑤ [**완료**]를 터치합니다. **3** 모든 작업이 완료되면 [**사본 저장**]을 터치해서 저장합니다.

1. 삼성 빅스비를 사용하여 셀카를 찍으려면 어떤 명령어를 사용해야 하나요?

① "빅스비, 갤러리 열어줘."

② "하이 빅스비, 셀카 찍어줘."

③ "빅스비, 사진 편집 모드로 들어가줘."

④ "하이 빅스비, 카메라 열어줘."

2. 빅스비로 유튜브 영상을 재생하려면 어떤 명령어를 사용해야 하나요?

① "유튜브 영상 검색해 줘."

② "하이 빅스비, 유튜브에서 ○○○ 틀어줘."

③ "빅스비, 유튜브 앱 열어줘."

④ "빅스비, 동영상 다운로드해 줘."

3. 갤럭시 갤러리의 AI 기능에서 'AI 지우개'를 사용하려면 어떤 단계를 따라야 하나요?

① 편집할 사진을 선택하고 'AI 지우개' 메뉴를 터치한다.

② 사진을 먼저 저장한 후 AI 지우개를 실행한다.

③ 설정 메뉴에서 AI 기능을 활성화한다.

④ AI 지우개는 갤러리에서 사용할 수 없다.

4. 갤럭시 갤러리 AI 기능으로 배경과 개체를 분리하려면 어떻게 해야 하나요?

① 분리할 개체를 길게 터치하면 자동으로 분리된다.

② 설정에서 배경 분리 모드를 활성화한다.

③ AI 지우개 메뉴를 선택해 개체를 분리한다.

④ 개체를 손으로 그려야만 분리가 가능하다.

5. 구글 포토에서 사진 보정 기능을 사용하려면 어떤 작업이 필요한가요?

① 사진을 먼저 삭제한 후 다시 업로드한다.

② 보정을 위해 별도의 소프트웨어를 설치해야 한다.

③ AI 추천 탭에서 자동 보정 옵션을 선택한다.

④ 모든 사진은 AI 추천 없이 수동으로만 편집해야 한다.

6. 구글 포토에서 사진의 일부를 흐리게 만들어 피사체를 강조하려면 어떤 기능을 사용해야 하나요?

① '자르기' 옵션을 사용한다.

② '필터' 탭을 활성화한다.

③ AI 기능으로 사진을 삭제한다.

④ '블러' 옵션을 선택한다.

1️⃣ [Play스토어]에서 ① [b612]를 검색하여 [설치]하고 ② [열기]를 터치합니다. 2️⃣ [전체 동의하고 시작]을
터치합니다. 3️⃣ [B612]에서 사진을 촬영하고 동영상을 녹화하도록 [앱 사용 중에만 허용]을 터치하여 진행합니다.

1️⃣ ① 촬영 시 전면, 후면을 설정할 수 있습니다. ② 바운스 기능으로 촬영할 수 있습니다. ③ 화면 비율을 선택
할 수 있습니다. ④ 타이머로 촬영할 수 있습니다. ⑤ 플래시를 활성화 및 비활성화 설정할 수 있습니다. ⑥ 더
보기를 터치합니다. 2️⃣ ① 플래시를 활성화 또는 비활성화로 설정할 수 있습니다. ② 화면의 어느 곳이든 터치
하여 사진을 찍을 수 있습니다. ③ 원하는 시간(예: 3초, 5초, 10초)을 설정하여 자동 촬영할 수 있습니다.
④ 프레임 축소 기능으로 얼굴 크기를 작게 할 수 있습니다. ⑤ 다양한 설정을 할 수 있습니다. ⑥ 메이크업 효과를
적용하여 촬영할 수 있습니다. ⑦ 야간 모드 설정이 가능합니다. ⑧ 촬영 시 자동으로 저장할 수 있습니다.

3 ① 촬영한 사진을 불러와 보정할 수 있습니다. ② 다양한 이펙트 효과를 적용할 수 있습니다. ③ 촬영 버튼을 터치하여 촬영 및 동영상을 제작할 수 있습니다. ④ 인물 사진에 뷰티 효과를 적용할 수 있습니다. ⑤ 다양한 필터 효과를 적용할 수 있습니다. ⑥ 화면을 확대 축소할 수 있습니다.

1 B612 첫 화면에서 [이펙트]를 터치합니다. 2 ① 이펙트 효과 메뉴 중 [AI Cartoon]을 터치합니다. ② 원하는 캐릭터를 선택합니다. ③ 완성된 화면을 축소 및 확대할 수 있습니다. ④ 좋아하는 이펙트 효과를 [즐겨찾기]할 수 있습니다.

3 원하는 효과가 적용되었다면 [촬영 버튼]을 터치하여 사진 및 동영상으로 제작할 수 있습니다.

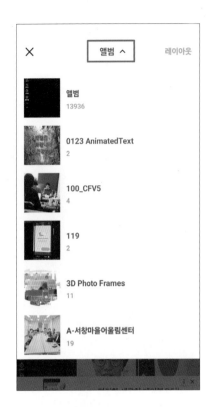

1 B612 첫 화면에서 [**보정**]을 터치합니다. **2** [**앨범**]을 터치하여 보정할 사진을 선택합니다.
3 ① 다양한 편집 도구를 활용하여 사진을 보정 할 수 있습니다. ② 하단 [**AR 필터**]를 터치하여 진행합니다.

1 ① AR 필터 효과 메뉴 중 원하는 효과를 선택합니다. ② 완성된 사진을 [**동영상으로 저장**] 할 수 있습니다.
③ [**V**]를 터치합니다. **2** [**저장**]을 터치하여 갤러리에 다운로드 할 수 있습니다. **3** [**내보내기**]를 터치
하여 공유할 수 있습니다.

사진편집

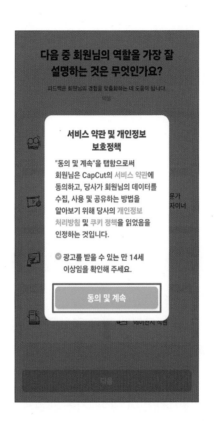

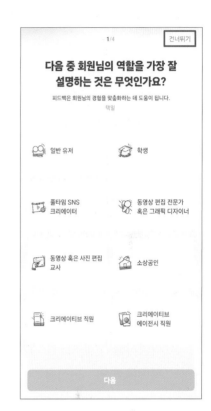

천천히, 차근차근 따라 하면 누구나 할 수 있어요!

1️⃣ [Play스토어]에서 ① [캡컷]을 검색하여 [설치]하고 ② [열기]를 터치합니다.

2️⃣ [동의 및 계속]을 터치합니다.

3️⃣ 가이드 화면에서 [건너뛰기]를 터치하여 진행합니다.

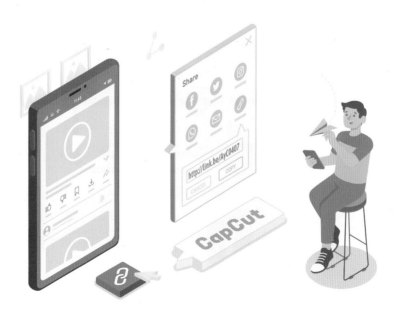

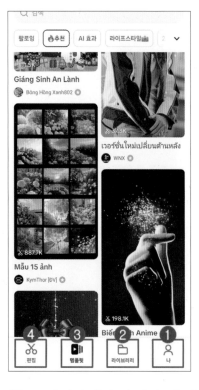

124

1 ① 아이디 생성 및 여러 기능을 이용할 수 있습니다.

② 사용자가 만든 미디어 영상 캡컷에서 제공하는 짧은 영상을 선택할 수 있습니다.

③ 사용자들이 업로드한 영상 템플릿입니다. ④ [편집]에서는 [새 프로젝트] 작업과 편집한 [프로젝트] 목록을 확인 · 편집할 수 있습니다.

2 편집을 터치한 화면입니다. ① [설정]에서 언어 설정, 기본 엔딩 추가 설정 캐시 지우기 등이 가능합니다.

② [새 프로젝트]를 터치하여 편집을 진행합니다.

3 ① 사용자 앨범에서 ② 원하는 사진을 선택합니다. ③ 하단에 선택한 사진을 확인합니다.

④ [추가]를 터치합니다

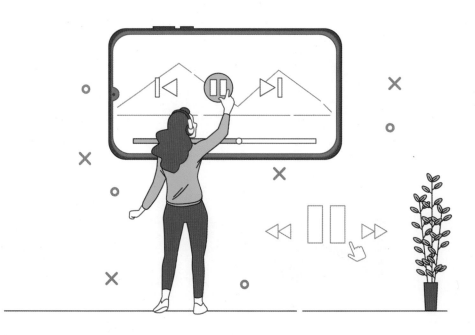

1️⃣ ① 화면을 크게 보기 할 수 있습니다. ② 편집 중 재생할 수 있습니다. ③ 사용자가 추가한 텍스트, 스티커, 효과 등이 클립과 함께 이동하거나 삭제되지 않도록 설정합니다. ④ 편집 중에 되돌리기 할 수 있습니다. ⑤ 플레이 헤드 및 재생 헤드 라고도 하며 모든 편집작업의 기준선으로 미리 보기 화면 플레이 헤드 기준으로 보입니다. ⑥ 사진과 사진 사이에 장면 전환 효과를 적용할 수 있습니다. ⑦ 동영상 및 사진을 추가할 수 있습니다. ⑧ 영상의 음악을 삽입해 보겠습니다. 2️⃣ [사운드]를 터치합니다. 3️⃣ ① 캡컷에서는 무료음악과 유료음악을 지원하고 있습니다. 무료 음악중에서 사용자가 원하는 음악을 선택합니다. ② 선택한 음악을 미리 듣기 할 수 있습니다. ③ 내 영상에 삽입하고 싶다면 [+]를 터치합니다.

1️⃣ 선택한 음악이 타임라인으로 온 화면입니다. 2️⃣ 선택한 음악이 내 편집 영상보다 긴 경우 ① [분할]을 터치 하여 ② 편집 영상에 맞추어 자를 수 있습니다. ③ 필요 없는 부분은 [삭제]합니다. 3️⃣ 영상편집이 완료되었 다면 [내보내기] 터치합니다.

영상편집

1 편집을 터치하여 [새 프로젝트]를 터치합니다. **2** ① 앨범에서 [동영상]을 터치합니다. ② 영상편집에 필요한 사용자 동영상을 터치합니다. ③ [추가]를 터치합니다. **3** [텍스트]를 터치합니다.

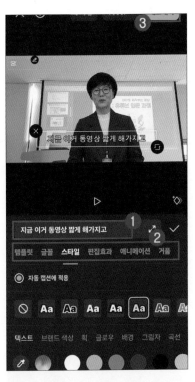

1 텍스트를 터치하여 진행된 화면입니다. 하단 메뉴 중 [자동 캡션]을 터치합니다. **2** 영상에 삽입된 음성이 자동 자막으로 생성되었습니다. ① 추출된 자막을 음성과 일치하게 편집할 수 있습니다. ② 자막을 삭제할 수 있고 ③ 추출된 내용을 복사할 수 있습니다. ④ 글 상자 크기를 조절할 수 있습니다. ⑤ 오타일 경우 재편집할 수 있습니다. **3** ① 자동 자막을 수정할 수 있습니다. ② 자막의 글꼴, 스타일, 편집 효과 등을 설정할 수 있습니다.

템플릿 활용한 편집

1️⃣ 캡컷 홈 화면에서 하단 카테고리 중 ① [템플릿]을 터치합니다. ② 상단 메뉴 중 [AI 효과]를 터치합니다.
③ 원하는 템플릿을 선택합니다. 2️⃣ [템플릿 사용]을 터치하여 진행합니다. 3️⃣ ① 앨범에서 사진을 선택합니다.
② 템플릿에 넣을 인물사진을 선택합니다. ③ 선택한 사진을 확인할 수 있습니다. ④ [다음]을 터치하여 진행합니다.

1️⃣ ① 선택한 사진을 확인할 수 있습니다. ② 필름 클립이 생성됩니다. ③ 기본 템플릿에 삽입된 음악을 교체할
수 있습니다. 2️⃣ 완성된 영상을 저장하기 위해 [내보내기]를 터치합니다.
3️⃣ 완성된 템플릿을 캡컷 워터마크 표시 없이 저장하려면 [워터마크 없이 내보내기]를 터치하여 저장합니다.

템플릿 활용한 편지쓰기

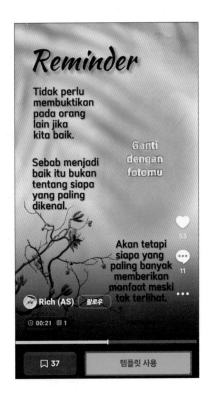

1️⃣ 캡컷 홈 화면에서 하단 카테고리 중 [템플릿]을 터치합니다. 2️⃣ ① 검색창에 [Reminder]라고 검색합니다. ② 원하는 템플릿을 선택합니다. 3️⃣ [템플릿 사용]을 터치하여 진행합니다.

1️⃣ ① 사진 앨범을 터치합니다. ② 템플릿에 사용할 사용자 사진을 선택합니다. ③ [다음]을 터치합니다.
2️⃣ ① [AI] 표시가 있을 경우 사진이 변형된 것을 확인할 수 있습니다.(템플릿에 따라 차이가 있을 수 있습니다.
② 삽입된 음악을 교체할 수 있습니다. ③ 텍스트를 교체할 수 있습니다. 3️⃣ [텍스트]를 터치하여 편집합니다.

1 ① [제목] 글 상자를 터치합니다. ② 글 상자를 삭제할 수 있으며 ③ 시간 설정을 할 수 있습니다. ④ 글 상자를 추가할 수 있습니다. ⑤ [편집]을 터치하여 편지 내용을 수정할 수 있습니다. **2** ① 수정할 제목 내용을 입력합니다. ② [V]를 터치합니다. **3** ① 수정할 본문 내용을 입력합니다. ② 글의 색상, 글꼴, 정렬 등을 편집할 수 있습니다. ③ [V]를 터치합니다.

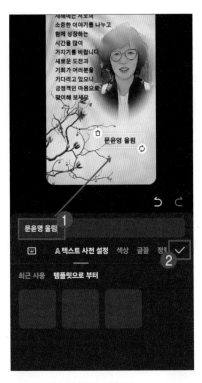

1 ① 서명을 입력합니다. ② [V]를 터치합니다. **2** ① 글 편집이 완료되면 ② [내보내기]를 터치하여 저장합니다. **3** [워터마크 없이 내보내기]를 터치하여 워터마크 없이 저장을 완료합니다.

(12강) Suno.AI(수노)

 Suno.AI란 무엇인가요?

Suno AI는 인공지능을 이용해 음악을 만들어주는 도구입니다. 사용자의 취향과 감정에 맞는 음악을 쉽게 생성할 수 있는 서비스입니다. 원하는 음악의 분위기나 가사를 입력하면, 자동으로 노래를 만들어줍니다. 마치 작곡가랑 가수와 함께 일하는 것처럼, Suno AI가 여러분의 아이디어를 실제 음악으로 바꿔줍니다. 특히 시니어 세대도 손쉽게 사용할 수 있도록 설계되어 있어, 특별한 기술이나 악기 연주 경험 없이도 원하는 음악을 만들 수 있습니다.

"당신의 상상을 음악으로 피워 내는 곳, Suno입니다"

 Suno로 무엇을 할 수 있나요?

- **추억의 노래 만들기** (아기를 위한 자장가, 연인을 위한 사랑의 노래 등)
- **기념일 음악 만들기** (생일, 결혼기념일, 입학식, 졸업식, 어버이날 기념 노래)
- **계절별 날씨별 음악만들기** (봄날 산책을 위한 경쾌한 음악, 비 오는 날 듣기 좋은 멜로디, 크리스마스 캐롤 등)
- **나의 일상 배경음악 만들기** (아침체조를 위한 경쾌한 리듬, 산책할 때 듣는 편안한 음악, 요가나 명상을 위한 차분한 곡, 독서할 때 듣는 클래식 등)
- **나만의 작은 음악 스튜디오** (음악 콜랙션 만들기)
- **교육용 음악** (역사나 지역 명소에 관한 노래 만들기, 암기하기 좋게 노래로 만들기)

 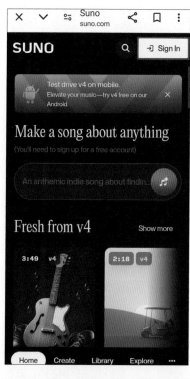 

1 [**구글**] 입력창에 ② [Suno]를 입력하고 돋보기를 터치하여 검색합니다. ② [Suno]를 터치하여 Suno 웹페이지로 이동합니다. **2** [**Sign In**]을 눌러 회원가입 창을 엽니다. **3** 여러 가지 방법으로 회원 계정을 만들 수 있지만 [**구글 계정**]을 터치하여 구글 계정으로 회원가입을 시작합니다.

  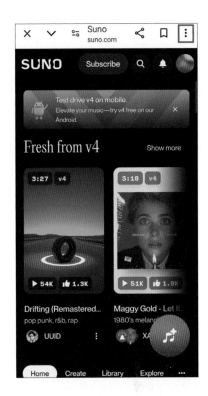

1️⃣ 나의 [**구글 계정**] 계정이 표시됩니다. 회원가입 하고자하는 [**구글 계정**]을 선택합니다. 2️⃣ 선택된 [**구글 계정**]이 맞는지 확인 후 [**계속**]을 터치합니다. 3️⃣ Suno 메인 화면입니다. 앞으로 매번 구글 검색 후 사이트에 접속하지 않고 바로가기를 하기 위해 [**점 3개**]를 터치합니다.

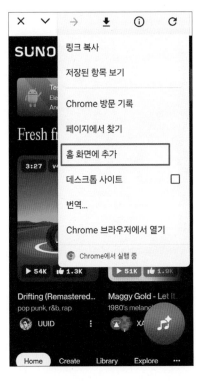  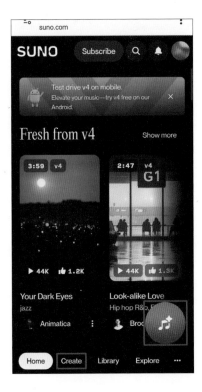

1️⃣ ① [**홈 화면에 추가**]를 터치합니다. 2️⃣ ① [**Suno**]을 지우고 이름 수정이 가능하나 수정하지 않고 그대로 두는 것을 권장합니다. ② [**설치**]를 터치합니다. Suno 바로가기 아이콘은 홈화면에서 확인할 수 있습니다. 3️⃣ [**Create**] 또는 우측 하단 [**음표 모양**]을 터치하면 음악 만들기 화면으로 이동합니다.

웹툰 시니어들을 위한 시라타라시

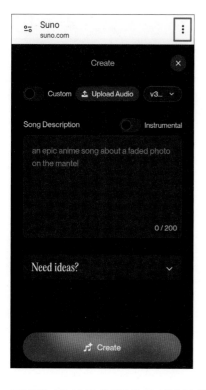
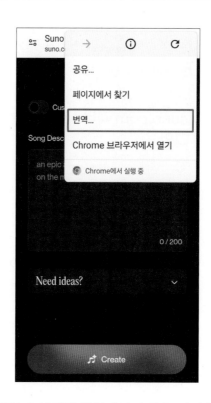

1 메뉴가 모두 영어로 표시되어 한글로 표시되길 원한다면 오른쪽 상단 [점 3개]를 누릅니다. **2** [번역 ...]을 누릅니다. **3** 메뉴가 한글로 바뀌었습니다. 직역이라 어색하여 다시 영어로 번역을 원하면 ① [점 3개]를 터치 후 ② [실행 취소]를 터치하면 됩니다.

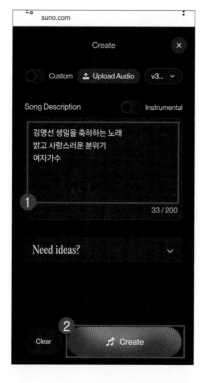
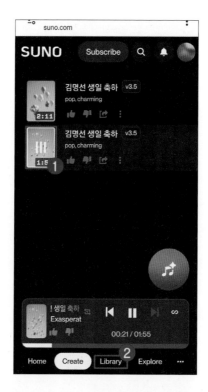

1 ① 만들고 싶은 음악에 대한 내용을 입력합니다. ② [Create]를 터치합니다. **2** ① 한 번에 2개의 노래가 생성됩니다. 이미지 부분을 터치하면 음악을 들을 수 있습니다. ② 생성된 노래는 [Library]에서 확인할 수 있습니다. **3** [노래 제목]을 터치하면 노래 상세 화면으로 이동합니다.

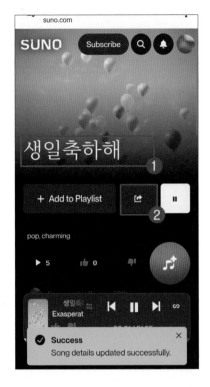

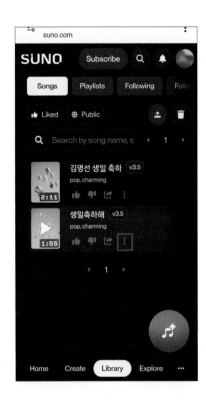

1️⃣ ① [노래 제목]을 터치하여 제목을 수정할 수 있습니다. ② 아이콘을 터치하면 카톡이나 다른 앱에 공유할 수 있습니다. 2️⃣ ① 아이콘을 누르면 노래의 주소가 복사됩니다. ② 카톡 나와의 채팅방에 공유됩니다. 3️⃣ 메뉴 하단 라이브러리(Library)를 확인하고 노래목록에서 [점 3개]를 터치합니다.

1️⃣ 열린 세부 정보 편집 창에서 [Edit Details]를 터치합니다. 2️⃣ 목록에 보이는 이미지를 변경하기 위해 [Add New Image]를 터치합니다. 3️⃣ 업로드할 이미지를 선택하기 위해 [Upload an Image] 빨강네모 부분을 터치합니다.

옐티브 시니어들을 위한 시리아터치

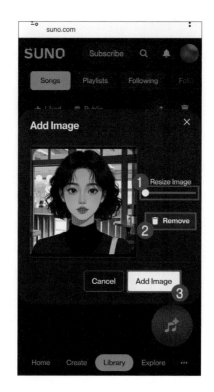

1 ① 사진을 선택하고 ② [추가]를 터치합니다. **2** 선택한 사진이 업로드 되었습니다. ① 흰 동그라미 부분을 좌우로 움직여 사진 사이즈를 조절합니다. ② [Remove]를 눌러 삭제 후 다른 사진을 업로드 할 수 있습니다. ③ [Add Image]를 눌러줍니다. **3** ① 제목을 수정 ② 가사를 수정하고 ③ [Submit]을 눌러 편집된 정보를 저장합니다.

1 하단 [Home]일 때 상하좌우로 스크롤 하면 다른 사용자가 만든 음악들이 있습니다. ① 이미지 부분을 터치하면 음악을 들을 수 있습니다. ② 제목 부분을 터치하면 상세창이 열립니다. **2** ① 내 플레이리스트에 넣을 수 있고 ② 좋아요 혹은 싫어요를 누를 수 있고 ③ 만든이를 팔로우할 수 있습니다. **3** ① 플레이 목록을 선택해 추가하거나 ② 새로운 플레이리스트를 만들어 추가할 수 있습니다.

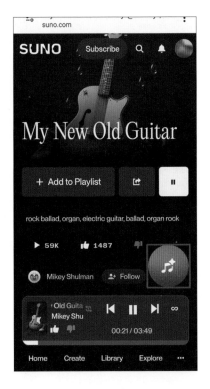

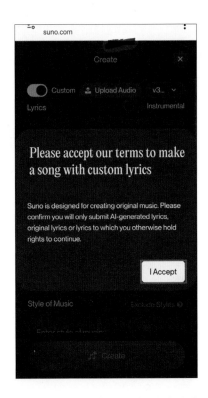

1 ① [음표 모양]을 터치합니다. **2** 음악만들기 화면에서 ① [Custom]을 활성화합니다. 내가 원하는 가사와 음악스타일로 음악을 만들 수 있습니다. ② 가사를 입력합니다. 직접 작성해도 좋고, ChatGPT의 도움을 받아 작성한 내용을 입력하셔도 됩니다. **3** 사용자 정의 가사를 사용할 경우 약관동의를 해야 합니다.

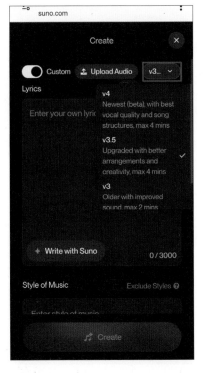

1 [v3...]을 터치하면 Suno.AI 버전을 선택할 수 있습니다. **2** [Instrumental]은 가사 없이 악기들로만 음악을 만들려고 할 때 활성화합니다. **3** ① 가사를 입력합니다. ② Suno에게 가사를 맡기고자 하면 [Write with Suno]를 터치합니다.

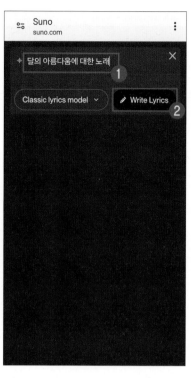
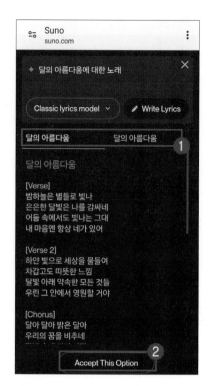
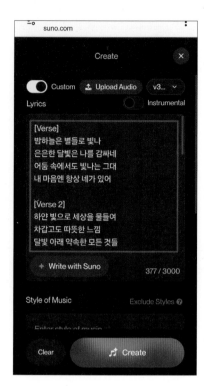

1️⃣ ① 노래에 대한 주제나 원하는 느낌 등을 작성하고 ② [Write Lyrics]를 터치합니다. 2️⃣ ① Suno가 2가지 버전으로 가사를 작성했습니다, 살펴보고 마음에 드는 버전에 두고 ② [Accept This Option]를 누릅니다. 3️⃣ 선택된 가사가 입력되었습니다.

1️⃣ 음악 스타일을 입력합니다. 하단의 버튼들을 터치하여 추가할 수 있습니다. 추천하는 음악 스타일은 클래식, 재즈, 발라드, 트로트, 팝, 뉴에이지, 댄스, 힙합, 락, ,R&B, K-pop, 컨트리, 블루스, 오케스트라, 레게, 랩 등이 있습니다. 2️⃣ ① 노래 제목을 입력합니다. ② [Create]를 터치합니다. 3️⃣ 노래가 2개 생성되었습니다. ① 이미지를 눌러 재생할 수 있고 ② [점 3개]를 눌러 상세 편집 창으로 이동합니다.

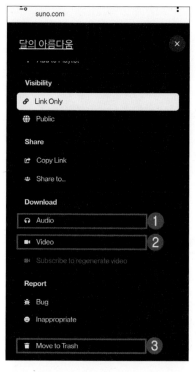

1 ① 상세 편집 창에서 내가 만든 음악을 다운로드 할 수 있습니다. ① 오디오만 다운로드 할 수 있고 ② 비디오로 다운로드 할 수 있습니다. 비디오로 다운받으면 영상이 재생됨에 따라 가사가 보입니다.③ 다운로드한 파일을 삭제할 수 있습니다. ([Move to Trash]를 선택하면 해당 파일이 휴지통으로 이동) **2** ① 프로필을 터치하여 ② [Edit Profile]를 터치하면 프로필을 수정할 수 있습니다. **3** 프로필 사진을 업로드 할 수 있습니다.

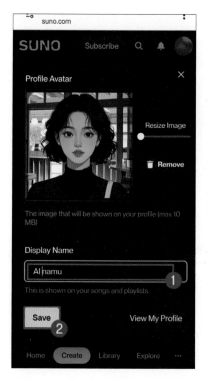

1 ① 프로필 사진을 업로드 후 ① [Display Name]을 입력하고 ② [Save]를 눌러 변경 사항을 저장합니다. **2** ① 프로필사진과 이름이 변경된 것을 확인할 수 있습니다. ② [Invite Friends]를 터치하면 친구초대 링크를 얻을 수 있습니다. **3** 친구초대 링크를 복사하여 공유하면 초대링크로 가입한 사용자가 10곡을 생성하면 초대한 사람, 초대받은 사람 모두 250크래딧을 받을 수 있습니다.(2500크래딧 제한)

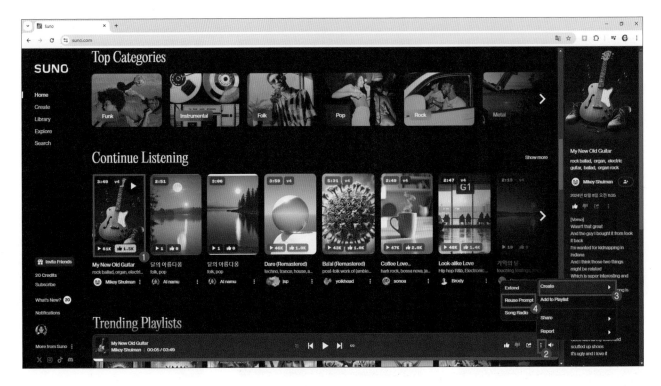

Suno.AI는 웹버전을 PC환경에서 사용하면 화면이 넓어 작업이 용이합니다. ① 이미지부분을 클릭하여 다른 사용자가 만든 음악을 재생할 수 있고 ② [점 3개]를 클릭하고 ③ [Create]를 클릭하여 ④ [Extend]나 [Reuse Prompt] 메뉴를 통해 다른 사용자의 음악을 활용할 수 있습니다.

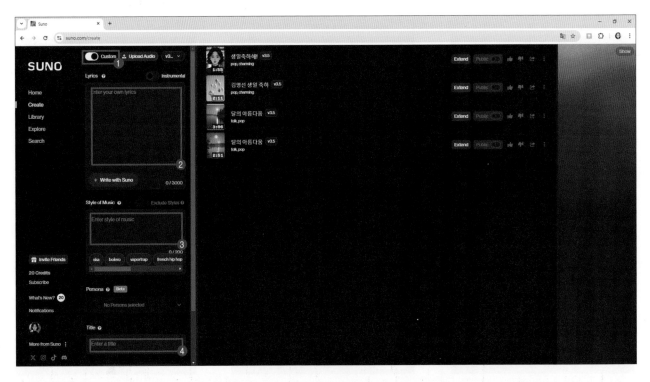

PC 환경에서는 왼쪽에 음악 만들기 메뉴가 뜨는데, ① [Custom]을 활성화 ② [가사]를 작성 ③ [음악 스타일], [남녀 보이스]를 입력하고 ④ [음악의 제목]을 작성합니다. 안 보이는 아래에 [Create]를 클릭 하여 음악을 생성합니다.

Suno.AI의 구독 요금제 안내입니다. 무료플랜은 매일 50크레딧을 갱신(10곡)해주고 상업용으로는 사용할 수 없고, 한번 만들 때 2개씩 음악이 생성됩니다. 유료버전의 경우는 한번에 10개를 만들수도 있고 상업용으로도 사용가능하고 매월 2500크래딧(500곡)이 갱신됩니다.

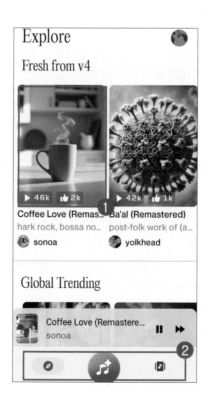

1 2024년 12월 3일 안드로이드폰에서 Suno앱이 출시되었습니다. [Play스토어]에서 검색하여 설치 가능합니다. 2 Suno앱의 메인화면입니다. ① 다른사용자의 음악을 들으려면 사진이미지를 터치하면 가능하고 웹버전과 다른점은 인스타그램 릴스나 유튜브 쇼츠처럼 위나 아래로 넘기면서 재생할 수 있습니다. ② 하단 왼쪽부터 홈, Create, Library 메뉴 아이콘입니다. 3 음악 만들기 화면은 웹 버전과 같습니다.

13강 AI 스마트워크

구글 렌즈 활용하기

1 [Play스토어]에서 [구글 렌즈]를 설치한 후 권한 허용을 하고 [열기]를 합니다. **2** 또는 [구글] 앱 첫 화면의 검색창의 [렌즈] 아이콘을 터치하여 실행합니다. **3** OCR 기능을 활용하기 위해 먼저 [번역]을 터치합니다.

OCR (Optical Character Recognition)는 이미지 속 글자를 텍스트로 변환하는 기술입니다.
쉽게 말해, 사진이나 스캔된 문서에 있는 글씨를 컴퓨터가 읽어서 편집 가능한 글자로 만들어 주는 도구입니다.

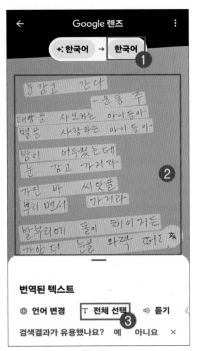
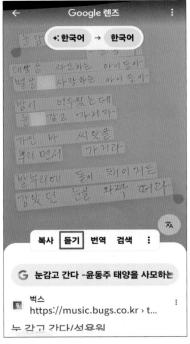
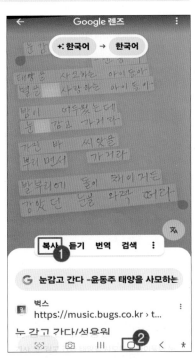

1 손글씨 문장을 활자체 텍스트로 전환해서 메모장에 저장해 보겠습니다. ① 도착언어를 [한국어]로 하고, ② 손글씨 문장 전체를 렌즈에 잘 보이게 합니다. ③ [전체 선택]을 터치합니다. **2** [듣기]를 터치하면 문장을 들려줍니다. **3** ① [복사]를 터치하면 클립보드에 복사됩니다. 메모장에 저장하기 위해 ② [홈버튼]을 터치합니다.

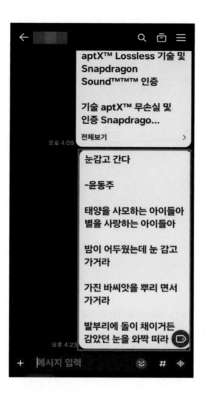
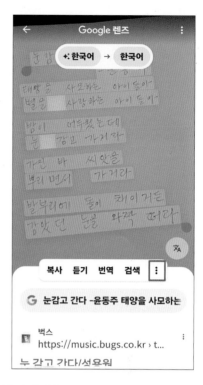

1 카카오톡 [**나와의 채팅방**]의 ① 입력창을 길게 터치하여 손을 떼고 ② [**붙여넣기**]를 터치합니다.

2 손글씨 문장이 활자체 문장으로 전환되어 저장되었습니다. 일반 메모장도 같은 방법으로 저장됩니다.

3 PC의 메모장으로 복사하기 위해 위의 전체 선택 화면에서 메뉴 가장 오른쪽 [**점 3개**]를 터치합니다.

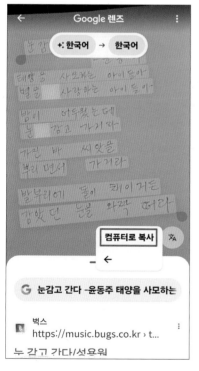
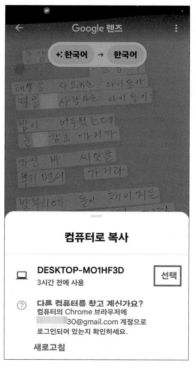
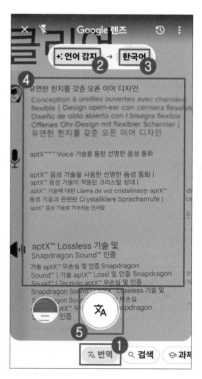

1 [**컴퓨터로 복사**]를 터치합니다. **2** 주변의 PC 목록을 보여주며 [**선택**]을 터치하면 PC로 복사되어, 메모장이나 문서에 붙여넣기 할 수 있습니다. **3** 다음은 외국어로 된 상품설명서를 번역해 보겠습니다. ① [**번역**] 메뉴에서 ② 입력 언어를 [**언어 감지**]로 하고 ③ 도착 언어를 [**한국어**]로 하고 ④ 상품 설명서 전체가 잘 보이게 하면, 잠시후에 자동으로 한국어로 번역되어 보여줍니다. ⑤ 추가 기능을 사용하기 위해 [**셔터 버튼**]을 터치합니다.

1 [전체 선택]을 터치합니다. **2** ① [듣기]를 터치하면 한국어로 들려주며, ② [복사]를 터치하면 카톡이나
메모장에 붙여넣기 할 수있으며, ③ [점 3개]를 터치해서 PC의 메모장이나 문서에 붙여넣기 할 수있습니다.

3 번역한 설명서 내용을 카톡의 [나와의 채팅방]에 붙여넣기한 내용입니다.

1 다음에는 갤러리에 저장된 이미지를 가져와 번역해 보겠습니다. [갤러리] 아이콘을 터치합니다.

2 촬영한 외국 상품을 터치합니다. **3** ① 입력 언어를 [언어 감지]나 해당 언어로 변경하고, ② 출력언어를
[한국어]로 하면 잠시후에 ③ 한국어로 번역되어 보여줍니다.

1️⃣ 다음은 [검색]을 해보겠습니다. 꽃이나 나무가 궁금할 때, ① [검색]을 터치하고 검색할 식물이 렌즈에 잘 보이게 합니다. ② [셔터 버튼]을 터치합니다. 2️⃣ ① 네 모서리를 조절하여 대상물을 명확하게하고, ② 아래 화면을 위로 스크롤합니다. 3️⃣ 화면을 위,아래로 스크롤하며 검색 내용을 확인합니다.

1️⃣ ① 예쁜 가방 이미지가 잘 보이게 네 모서리를 조절하고 ② 아래 화면을 위로 스크롤합니다. 2️⃣ 위,아래로 화면을 움직여 검색을 하며, 마음에 드는 화면을 터치하면, 해당 사이트로 연결되어, 자세한 정보를 확인 할 수 있으며, 구매도 할 수 있습니다. 3️⃣ 다음은 ① 유명한 나무의 사진을 잘 보이게 하고 ② 아래 화면을 위로 스크롤합니다.

 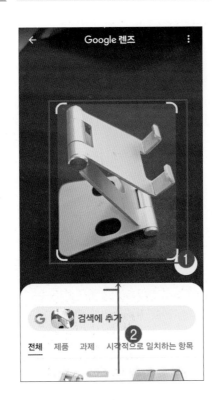 

1 ① 화면을 위, 아래로 움직여 검색을 확인합니다. ② 나무의 소재지와 이름을 알려줍니다. 다음은 구매하고 싶은 물건을 검색하여 구매해 보겠습니다. 2 ① 물건이 렌즈에 잘 보이게 조절합니다. ② 아래 화면을 위로 스크롤합니다. 3 ① 화면을 위,아래로 스크롤하며 검색을 하며, ② 구매하려는 이미지를 터치하면 해당 사이트로 연결되어 자세한 정보를 볼 수 있으며 구매도 할 수 있습니다.

 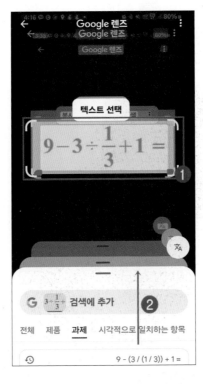 

1 다음은 메뉴중 [과제]를 터치합니다. 2 궁금한 문제의 이미지를 불러 오거나 직접 촬영합니다. ① 네 모서리를 조절하여 문제를 명확하게 하고 ② 아래 화면을 위로 스크롤합니다. 3 화면을 스크롤하며 문제 풀이 과정과 정답을 확인할 수 있습니다. 단점으로는 복잡한 문제는 해결하지 못할 수도 있습니다.

1. B612 앱에서 AI 필터 효과를 적용하려면 어떤 단계를 따라야 하나요?

    ① 'AI 필터'를 터치한 후 사진을 촬영하고 저장한다.

    ② '보정' 메뉴에서 프레임을 추가한 후 저장한다.

    ③ 'AI Cartoon' 메뉴를 터치하여 원하는 캐릭터를 선택한다.

    ④ AI 필터는 설정에서 활성화해야 사용할 수 있다.

2. 캡컷(CapCut)에서 자동 자막 기능을 사용하려면 어떤 메뉴를 선택해야 하나요?

    ① 'AI 효과'를 활성화한다.

    ② '텍스트' 메뉴에서 '자동 캡션'을 선택한다.

    ③ '편집' 메뉴에서 새 프로젝트를 생성한다.

    ④ '사운드' 메뉴에서 텍스트를 추가한다.

3. 캡컷(CapCut)에서 사진과 사진 사이에 장면 전환 효과를 추가하려면 어떻게 해야 하나요?

    ① '사운드' 메뉴에서 배경 음악을 선택한다.

    ② '편집' 화면에서 장면 전환 효과를 적용한다.

    ③ 'AI 효과'를 활성화하고 템플릿을 추가한다.

    ④ 장면 전환 효과는 수동으로만 추가할 수 없다.

4. Suno.AI에서 생성된 음악을 다른 사람과 공유하려면 어떻게 해야 하나요?

    ① 'Library'에서 파일을 다운로드한 뒤 USB로 전송한다.

    ② 음악 공유는 Suno Pro 버전에서만 가능하다.

    ③ Suno는 음악 공유 기능을 지원하지 않는다.

    ④ 생성된 음악을 '점 3개'를 눌러 공유 메뉴를 선택한다.

5. 구글 렌즈를 활용하여 외국어 상품 설명서를 번역하려면 어떤 단계를 따라야 하나요?

    ① '갤러리'에서 이미지를 선택하고 '언어 감지'와 '한국어'를 설정한다.

    ② 사진을 찍은 후 '검색' 버튼을 눌러 정보를 확인한다.

    ③ '번역' 메뉴에서 손글씨를 활자체로 전환한 후 저장한다.

    ④ 외국어 텍스트는 구글 렌즈에서 번역할 수 없다.

6. 구글 렌즈를 사용해 식물의 이름을 검색하려면 어떤 단계를 따라야 하나요?

    ① '번역' 메뉴에서 식물을 선택한 뒤 검색을 진행한다.

    ② 식물 사진을 찍은 뒤 '검색' 메뉴에서 네 모서리를 조정하고 '셔터 버튼'을 눌러 정보를 확인한다.

    ③ 검색 메뉴 대신 AI 도우미를 통해 검색한다.

    ④ 식물 검색은 구글 렌즈에서 지원되지 않는다.

정답 ② 6 ① 5 ④ 4 ② 3 ② 2 ③ 1

(14강) 인공지능(AI)을 활용한 이력서 및 자기소개서 완성

인공지능(AI) 도구를 활용하면 좋은 이유

1 효율적인 시간 관리와 노력 절감

취업 준비 과정의 가장 큰 어려움 중 하나는 자기소개서 작성입니다. 이는 많은 시간과 노력이 필요하며, 특히 처음작성하는 사람들에게는 더욱 부담스러운 작업이 될 수 있습니다.

자기소개서는 개인의 경력과 역량을 효과적으로 전달하는 도구인 만큼 완성도 높은 결과물이 요구되는데, 인공지능(AI)은 이를 단시간에 구현할수있는 강력한 도구로 자리 잡았습니다.

필요한 정보를 기반으로 구조화된 내용을 신속히 생성하여 작성 시간을 대폭 단축해 줍니다.

이는 효율적으로 취업 준비를 진행할 수 있는 유용한 도구로, 직장인들에게도 큰 장점이 됩니다. 과거의 경험을 정리하는 것뿐만 아니라 다양한 직무별 커스터마이징된 자기소개서를 작성할 때도 인공지능(AI)은 많은 시간과 노력을 절약할 수 있게 돕습니다.

2 직무 맞춤형 자기소개서 작성 지원

인공지능(AI)은 지원 직무에 따라 자기소개서를 맞춤화할 수 있는 능력을 갖추고 있습니다.

사용자가 제공하는 정보를 바탕으로 직무 요구 사항에 최적화된 자기소개서를 작성함으로써 면접 기회를 높이는 데 기여합니다. 특히 채용 공고에서 요구하는 기술이나 역량을 정확히 반영하여 작성된 자기소개서는 다른 지원자들 사이에서 차별화를 이룰 수 있습니다.

AI는 자연스러운 문장 생성 능력으로 개인의 역량을 효과적으로 전달할 수 있으며, 적절한 형식과 문구를 추천하여 자기소개서 작성 과정의 부담을 줄여 줍니다. 예를 들어, IT 직군 지원자에게는 기술 스펙을 강조하는 구조를, 마케팅 직군 지원자에게는 프로젝트 중심의 경험 서술을 제안할 수 있습니다.

3 성과 중심 문장 작성 지원

자기소개서 작성의 주요 어려움 중 하나는 자신의 기술과 성과를 적절한 문구로 표현하는 것입니다. 인공지능(AI)은 명확하고 전문적인 문구를 제안하여 사용자가 자신의 역량을 효과적으로 전달할 수 있도록 돕습니다. 이러한 문구는 채용 담당자가 이해하기 쉽고 명료하며, 지원자의 가치를 강조하는 데 초점을 맞춥니다. 예를 들어, "프로젝트 관리 능력을 통해 팀 생산성을 25% 향상했습니다"와 같은 구체적이고 성과 중심적인 문구를 추천함으로써 채용 담당자에게 강렬한 인상을 남길 수 있도록 지원합니다.

인공지능(AI)을 활용한 자기소개서 작성 단계별 가이드

● **1단계 :** 자기소개서 준비를 위한 핵심 정보 수집

인공지능(AI) 도구를 효과적으로 활용하려면 다음 정보를 미리 준비하는 것이 중요합니다.

- **개인 정보** : 이름, 연락처, 이메일 등
- **학력** : 학위 및 학업 성취
- **경력**: 직책, 회사명, 근무 기간 등
- **기술 및 자격증**
- **성과 및 수상**

이러한 정보를 체계적으로 정리하면 보다 정확하고 관련성 높은 자기소개서를 생성할 수 있습니다. 또한 사전 정보를 명확히 준비하는 과정은 지원자가 자신의 경험과 성과를 재조명하는 기회가 되기도 합니다. 인공지능(AI)이 제공할 결과물의 품질을 좌우하기 때문에 이 단계는 매우 중요합니다.

● **2단계 :** 효과적인 자기소개서 구조 설계하기

잘 구성된 자기소개서는 읽는 사람에게 강렬한 첫인상을 남깁니다. 일반적으로 다음과 같은 형식을 따르는 것이 좋습니다.

- **헤더** : 이름, 연락처, 이메일, 개인 SNS 등
- **전문 요약** : 기술과 경험을 간략히 소개
- **경력** : 직무 명, 회사명, 주요 성과
- **학력** : 학업 관련 정보
- **기술** : 직무와 관련된 기술 목록
- **추가 섹션** : 자격증, 수상, 봉사 활동 등

인공지능(AI)을 활용해 이 형식에 맞는 템플릿을 생성할수 있습니다.기본구조는 자기소개서의 가독성을 높이고, 중요한 정보를 빠르게 전달할 수 있도록 돕습니다.

● **3단계 :** 자기소개서 섹션별 작성 노하우

① **전문 요약**

인공지능(AI) 도구를 활용해 간결하고 임팩트 있는 전문 요약을 작성합니다. 이 섹션은 지원자가 가진 핵심 역량을 강조하는 공간으로, 채용 담당자가 처음으로 접하게 되는 내용이기 때문에 매우 중요합니다.

프롬프트 예시 "디지털 마케팅 전문가로서 20년 경력을 바탕으로 작성된 전문 요약을 제시해 주세요."

② 경력 섹션

경력은 단순히 역할을 나열하는 것보다 성과 중심으로 작성해야 합니다. 인공지능(AI)은 직무와 연관된 경험을 효과적으로 구성할 수 있는 문구를 제안합니다.

> **프롬프트 예시** "고객 만족도를 20% 향상한 경험을 포함한 경력 섹션을 작성해 주세요."

③ 기술 섹션

직무에 맞는 기술을 상세히 나열합니다. 인공지능(AI)은 직무 요구 사항에 맞는 기술 목록을 작성하는 데 유용합니다.

> **프롬프트 예시** "데이터 분석가 직무에 맞는 기술 목록을 작성해 주세요."

● 4단계 : 자기소개서를 직무별로 최적화 하는 방법

작성된 자기소개서를 각 구직 활동에 맞게 조정하는 과정이 필요합니다. 직무 설명에 맞춰 키워드와 구체적인 내용을 추가하여 자기소개서를 최적화합니다. 예를 들어, 프로젝트 관리 직무에 지원한다면 "애자일 프로젝트 관리" 또는 "팀 협업"과 같은 키워드를 강조할 수 있습니다.

● 5단계 : 검토 및 수정

초안 작성 후 반드시 검토와 수정 과정을 거쳐야 합니다. 문법, 표현, 포맷 등을 확인하며, 인공지능(AI)의 도움을 받아 수정 요청을 할 수 있습니다. 이를 통해 보다 완성도 높은 자기소개서를 작성할 수 있습니다.

 인공지능(AI) 활용 팁

1 효과적인 프롬프트 작성 요령

프롬프트에 직무, 산업, 핵심 기술 등을 구체적으로 명시하면 더욱 정확한 결과를 얻을 수 있습니다. 예를 들어, "디지털 마케팅 직무에 지원하는 자기소개서를 작성해 주세요"와 같이 명확한 지시를 포함해야 합니다.

2 창의적인 프롬프트 활용 전략

첫 결과가 만족스럽지 않더라도 다양한 프롬프트를 시도해 최적의 결과를 도출합니다. 이 과정에서 새로운 아이디어를 얻을 수도 있습니다.

3 이메일 작성의 AI 활용법

인공지능(AI)은 자기소개서뿐만 아니라 이메일 작성에도 유용합니다. 지원자가 자신을 소개하고 해당 직무에 왜 적합한지 설명하는 중요한 문서로, 인공지능(AI)은 이를 작성할 때 간결하고 강렬한 첫인상을 남길 수 있는 문구를 생성하는 데 도움을 줍니다. 예를 들어, 사용자는 "이 포지션에서 제가 어떤 가치를 제공할 수 있는지 강조하는 이메일 초안을 작성해 주세요"라는 프롬프트를 통해 더 전문적이고 설득력 있는 내용을 받을 수 있습니다.

인공지능(AI) 도구를 활용한 이력서, 자기소개서 작성 실습하기

● 뤼튼 사이트 활용하여 이력서 완성하기

이력서 및 자기소개 AI 작성을 위해서 인터넷 주소창에 [www.wrtn.ai]를 입력합니다.

먼저 뤼튼 메인 페이지에 가서 회원가입을 합니다. 회원가입은 일반 가입 방식과 카카오톡, 네이버, 구글, 애플 계정을 통한 소셜 가입 방식이 있습니다.

왼쪽 하단 ① [로그인]을 클릭하여. 로그인 후 왼쪽 툴바에 있는 ② [자동완성]을 클릭하면 다양한 카테고리 툴이 나옵니다.

AI 작성을 위해서 ③ [이력서]와 ④ [자기소개서] 자동완성 툴을 활용하여 작성 준비를 합니다.

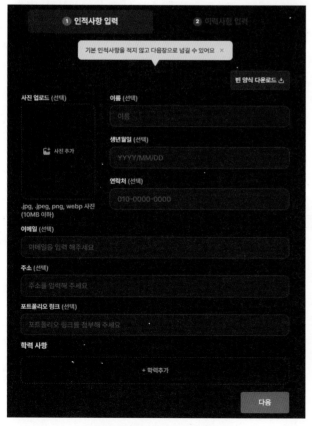

뤼튼 인적사항 초기 화면

실제 작성 예시 화면

이력서를 클릭하면 먼저 인적 사항 입력하는 항목이 있습니다. 증명사진, 이름, 생년월일, 연락처, 이메일, 주소, 포트폴리오 링크, 학력 사항 등 해당하는 부분을 클릭하고 입력을 하면 됩니다.

실제 작성 예시 화면을 보시면 **증명사진** 이미지를 사진 업로드하고, **이름**은 디지털콘텐츠그룹, **생년월일** 1960년 8월 15일, **연락처** 010-9793-3265, **이메일** dcgplatform@dcgplatform.com, **주소** 서울 종로구 동숭동 1-89 석마빌딩 3층, **포트폴리오 링크**를 작성하였습니다.

마지막 항목인 ① [**학력추가**]을 클릭하면 학교, 전공, 재학기간, 현상태, 학점 등 본인에 해당하는 학력을 모두 입력을 할 수 있습니다. 인적사항 입력을 마치고 ② [**다음**] 버튼을 클릭합니다.

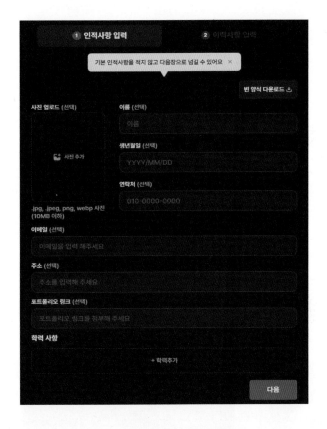

[**다음**] 클릭하면 이력사항 입력하는 화면으로 이동합니다. 해당 항목을 읽어 보시고 본인에게 해당하는 부분만 입력합니다.

각각의 항목에 대한 설명입니다. [**프로필에서 강조할 점**]에서 강점, 성격 등을 입력합니다. 주요 [**경력/프로젝트**]에서는 기간, 회사명, 직책, 업무 등을 입력합니다. [**기술 및 역량**] 항목에서는 언어, 컴퓨터 등 가능한 기술 명칭과 수준을 작성하면 됩니다. [**교원/자격증**] 항목에서는 명칭, 발급 기관, 기간(발급일)을 작성합니다. 마지막으로 [**활동/수상 내역**]에서 기간, 명칭, 설명 등을 작성합니다. 작성을 마친 후 ③ [**이대로 이력서 완성하기**]를 클릭하면 오피스 워드(Word) 파일로 입력된 내용을 바탕으로 저장됩니다.

● **뤼튼 사이트 활용하여 자기소개서 완성하기**

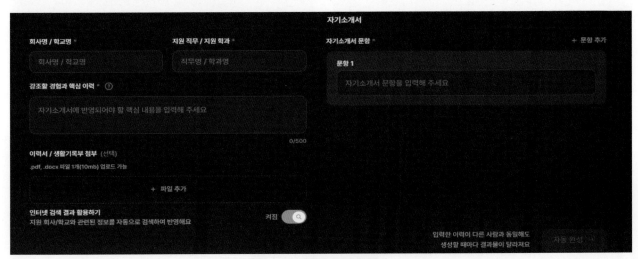

뤼튼 자기소개서 초기 화면

왼쪽 사이드바에 있는 **[자동완성]**에서 **[자기소개서]**를 클릭하면 초기 화면에서 회사명, 지원 직무, 강조할 경험과 핵심 이력, 이력서 첨부, 자기소개서 문항 항목이 보입니다.

앞서 작성한 이력서 파일을 참고하여, 아래에 제시된 실제 작성 예시 화면을 보시면,

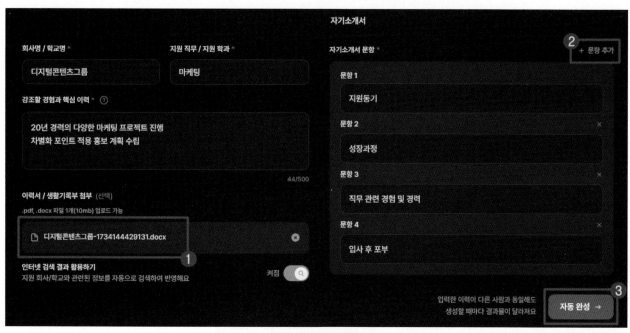

실제 작성 예시 화면

회사명: 디지털콘텐츠그룹, **지원 직무:** 마케팅, **강조할 경험과 핵심 이력:** 20년 경력의 다양한 마케팅 프로젝트 진행 및 차별화 포인트 적용 홍보 계획 수립, ① **[이력서]** 첨부는 앞서 작성한 파일을 업로드 합니다. 그리고 ② **[문항추가]**에서는 지원할 기업에서 제시한 문항을 추가합니다. 예시로 **문항 1:** 지원동기, **문항 2:** 성장 과정, **문항 3:** 직무 관련 경험 및 경력, **문항 4:** 입사 후 포부를 입력하고 오른쪽 아래에 있는 ③ **[자동완성]**을 클릭합니다.

클릭 후 자동완성을 위해서 인공지능(AI)으로 작성되고 있는 화면이 나옵니다.

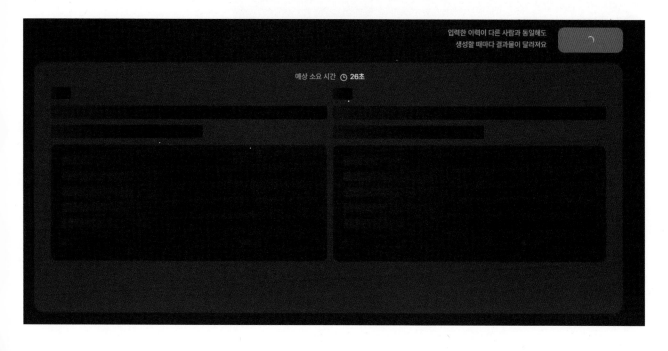

예상 소요 시간이 지나면 인공지능(AI)으로 작성한 문항 추가에 대한 결과를 확인할 수 있습니다.

④ [지원동기]에서는 2가지 버전으로 작성된 내용을 확인할 수 있으며 AI탐지 확률까지 표기되어서 결과를 보여줍니다.

2가지 버전 중에서 선택하여 ⑤ [복사/저장하기]를 클릭하여 해당 자소서에 활용합니다.

⑥ [성장과정]에서도 2가지 버전으로 작성된 내용을 확인할 수 있으며 AI탐지 확률까지 표기되어서 결과를 보여줍니다.

2가지 버전 중에서 선택하여 ⑦ [복사/저장하기]를 클릭하여 해당 자소서에 활용합니다.

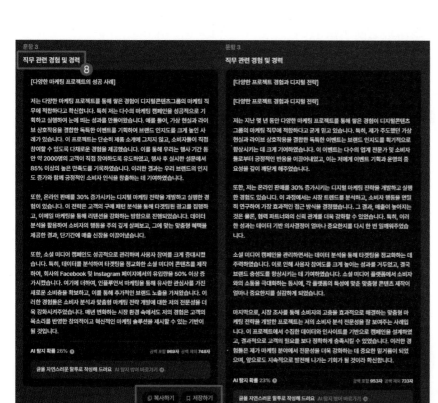

⑧ [**직무 관련 경험 및 경력**]에서도
2가지 버전으로 작성된 내용을
확인할 수 있으며 AI탐지 확률
까지 표기 되어서 결과를 보여줍
니다.

2가지 버전 중에서 선택하여 ⑨
[**복사/저장하기**]를 클릭하여
해당 자소서에 활용합니다.

⑩ [**입사 후 포부**]에서도 2가지
버전으로 작성된 내용을 확인할
수 있으며 AI탐지 확률까지 표기
되어서 결과를 보여줍니다.

2가지 버전 중에서 선택하여 ⑪
[**복사/저장하기**]를 클릭하여
해당 자소서에 활용합니다.

● 스탬프 도장 제작해서 완성하기

이력서 및 자기소개서 작성을 모두 마친 후에 [작성자 도장]을 입력하는 회사가 있습니다.

아래 화면과 같이 도장 제작을 위해서는 [STAMPNG / www.stampng.com]을 사용하면 좋습니다.

자기소개서상의 모든 기재사항은 사실임을 확인합니다.

2025년 1월 1일

작성자   홍 길 동

사이트 [www.stampng.com] 접속 후 첫 화면에서 ① [무료 도장 이미지] 버튼을 클릭합니다.

무료 도장 이미지 버튼을 클릭하면 이름 입력, 도장 모양 선택, 글씨체 선택 옵션을 통해서 나만의
도장을 제작할 수 있습니다.

1. 이름 입력

도장 이미지에 새겨질 이름은 최소 1자(콩도장용)에서 최대 4자(인감용, 직인용)까지 입력할 수 있습니다.

2. 도장 모양 선택

타원형과 수제타원형은 1~3자까지 지원합니다. 1자는 타원형과 수제타원형만 제작할 수 있습니다. 도장 모양 미선택시 자동
으로 타원형으로 제작됩니다. 원형, 수제원형, 정사각형 그리고 둥근사각형은 2~4자까지 지원합니다. 원형, 수제원형, 정사
각형, 수제정사각형, 둥근사각형, 수제둥근사각형은 성을 포함하여 3자인 경우, 이름 마지막에 '인(印)'자가 자동으로 들어갑
니다. 인(印) 대신 신(信)이나 장(章)을 넣고 싶다면, '홍길동장(洪吉童章)'이라고 이름란에 입력하면 됩니다.

3. 글씨체 선택

한자(漢字)는 조선궁서체와 본명조체만 가능합니다. 한자로 된 도장 이미지를 원하면 조선궁서체 또는 본명조체를 선택해주
세요. 이름을 한자로 입력 시, 기본 서체는 본명조체입니다. 글자의 방향은 한글의 경우 우상좌상우좌하좌 한자의 경우 좌상
좌하우상우하입니다.

먼저 ② [이름]을 입력하고 도장 모양 선택에서 ③ [원형]을 클릭합니다.
다음으로 글씨체 선택 ④ [마포애민]을 클릭하고 ⑤ [도장 이미지 만들기]를 클릭합니다.

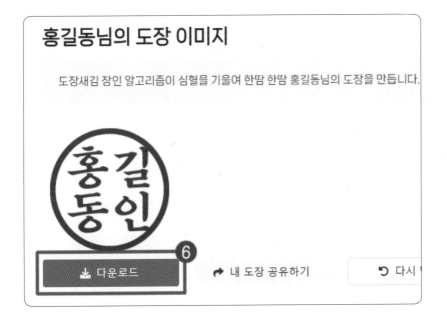

옵션 선택 후 최종 완성된 도장 확인 후 ⑥ [다운로드] 하여 이력서 파일에 입력하고 제출하면 됩니다.

⚠ 주의 사항

1 AI 활용의 한계와 올바른 접근

AI는 보조 도구일 뿐, 개인의 경험과 성과를 중심으로 작성해야 하며. AI의 도움을 받더라도 자신만의 목소리를 반영하는 것이 중요합니다.

2 개인 맞춤형 자기소개서의 중요성

일반적인 자기소개서는 경쟁력이 떨어지므로 각 직무에 맞게 수정해야 하고, 정확한 정보를 통한 맞춤형 자기소개서는 채용 담당자에게 더욱 설득력 있게 다가갈 수 있습니다.

3 깔끔한 자기소개서 포맷 관리법

인공지능(AI)은 콘텐츠 작성에 도움을 주지만, 포맷과 디자인은 사용자가 직접 관리해야 하며 일관된 글꼴과 명확한 레이아웃을 유지하는 것이 중요합니다.

자기소개서 작성에서 **'포맷과 디자인'** 은 다음과 같은 요소들을 의미합니다.

① **포맷(형식):** 문서의 구조와 틀을 의미합니다.

예: 문단 구성(도입부, 본론, 결론), 글자 크기, 줄 간격, 자간, 문서 길이(글자 수 제한 준수)

② **디자인(꾸밈):** 문서의 시각적 요소를 의미합니다.

예: 제목과 본문 구분, 글씨체(폰트) 선택, 강조(굵게, 밑줄), 문단 정렬(좌측 정렬, 가운데 정렬 등)

인공지능(AI)과 같은 AI 도구는 취업 준비 과정에서 필수적인 도구로 자리 잡고 있습니다. 특히 디지털 역량이 부족한 부모님 세대에게 효율적으로 자기소개서를 작성할 수 있는 강력한 방법을 제공합니다. AI를 활용하여 작성한 초안을 구체화하고, 자신만의 경험과 역량을 반영한 자기소개서를 완성하면 채용 담당자에게 깊은 인상을 남길 수 있습니다. AI와 협력하여 새로운 도전에서 성공적인 결과를 이끌어 내보세요. AI는 단순한 도구 그 이상으로, 여러분의 성공적인 커리어 전환을 돕는 강력한 파트너가 될 수 있습니다.

15강 AI 스마트 헬스케어 앱

하단으로 소개하고 있는 각 앱은 특정 사용자층이나 필요에 따라 선택하면 최상의 효과를 얻을 수 있습니다. 필요에 맞게 여러 앱을 조합해 활용하는 것도 좋은 방법입니다. 구글 플레이스토어에서 앱(App)을 검색하시면 보다 자세한 기능에 대해서 살펴 보실 수 있습니다.

병원 및 진료 관련 앱

1 굿닥 (GoodDoc)

병원 예약, 접수, 비대면 진료 등을 간편하게 처리할 수 있는 건강관리 필수 앱입니다. 병원 방문 전에 필요한 모든 과정을 모바일로 해결할 수 있어 사용자에게 큰 편리함을 제공합니다. 특히 예약이 어려운 병원의 대안을 추천하는 기능이 돋보입니다. 예를 들어, 혼잡한 병원 대신 주변의 대체 병원을 추천받을 수 있습니다.

한 사용자는 굿닥을 통해 병원 예약 대기 시간을 50% 이상 단축했으며, 비대면 진료로 안전하고 편리한 서비스를 이용할 수 있었다는 긍정적인 피드백을 남겼습니다. 또한, 굿닥은 사용자의 위치와 선호도를 분석하여 가장 적합한 병원 목록을 추천하는 기능을 제공합니다.

추가로, 사용자 데이터는 암호화하여 안전하게 저장하고, 접근 권한을 최소화하는 등 철저한 개인정보 보호 방침을 적용하고 있습니다.

- **장점**
  - 병원 예약 및 접수가 간단하고 직관적입니다.
  - 비대면 진료 지원으로 바쁜 직장인이나 이동이 불편한 사용자에게 유용합니다.
  - 전국 병원 정보를 한눈에 확인할 수 있습니다.
  - 예약 알림 기능을 제공합니다.
  - 사용자의 위치와 선호도에 맞춘 맞춤형 병원 추천 기능을 제공합니다.
  - 데이터 보호를 강화하여 사용자 정보를 안전하게 관리합니다.

- **단점**
  - 일부 지역 병원 정보가 부족합니다.
  - 비대면 진료의 경우 서비스 이용 시간이 제한됩니다.
  - 데이터 보호 정책에도 불구하고, 일부 사용자는 민감한 정보 제공에 부담을 느낄 수 있습니다.

2 하이닥 (HiDoc)

건강 상담, 뉴스, 병원 정보를 종합적으로 제공하며, 사용자가 건강 상태를 체계적으로 관리할 수 있도록 돕는 앱입니다. 하이닥은 심층적인 건강 상담과 최신 정보를 제공하여 사용자가 건강 문제를 보다 신속히 이해하고 대처할 수 있도록 지원합니다.

예를 들어, 건강 관련 질문을 입력하면 즉시 관련 전문가와 연결되거나 심층적인 정보 아카이브를 열람할 수 있습니다.

● **장점**
- 의료 전문가와 실시간 상담이 가능합니다.
- 최신 건강 뉴스와 정보를 제공합니다.
- 병원 검색 기능을 통해 필요한 병원을 신속하게 찾을 수 있습니다.
- 심층적인 건강 정보를 아카이브 형식으로 제공합니다.

● **단점**
- 상담 서비스 이용 시 대기 시간이 길어질 가능성이 있습니다.
- 병원 정보가 일부 지역에 한정될 수 있습니다.
- 무료 서비스는 제공 기능에 제한이 있을 수 있습니다.

건강 관리 및 기록 앱

3 닥터다이어리

혈당, 체중, 혈압 등의 데이터를 기록하며 건강을 종합적으로 관리할 수 있는 앱으로, 만성 질환 관리에 유용합니다. 사용자가 입력한 데이터를 체계적으로 분석해 실질적인 개선 방향을 제시합니다. 닥터다이어리는 의료기관과 데이터를 실시간으로 공유할 수 있어 사용자와 의료진 간 협력을 강화하는 데도 효과적입니다.

● **장점**
- 건강 데이터를 통합적으로 관리할 수 있습니다.
- 자동 분석을 통해 맞춤형 피드백을 제공합니다.
- 데이터를 시각화하여 이해도를 높입니다.
- 의료진과 데이터를 실시간으로 공유할 수 있습니다.

● **단점**
- 초기 데이터 입력 과정이 번거로울 수 있습니다.
- 유료 서비스로 일부 기능이 제한됩니다.
- 초보 사용자는 데이터 활용법이 복잡하게 느껴질 수 있습니다.

④ 삼성 헬스 (Samsung Health)

운동, 식단, 수면 등 전반적인 건강 관리를 지원하는 종합 건강 관리 앱입니다. 삼성 기기와의 연동성이 뛰어나며, 운동 기록과 심박수를 실시간으로 동기화할 수 있습니다. Fitbit이나 Apple Health와 차별화된 기능을 제공합니다. 또한 커뮤니티 기능을 통해 사용자 간 피드백과 동기 부여를 지원합니다.

예를 들어, 한 커뮤니티 사용자는 매일 1만 보 걷기 목표를 공유하고 동료 사용자들과 함께 도전한 결과, 건강 지표가 20% 향상되었다는 피드백을 남겼습니다. 이러한 커뮤니티 기능은 긍정적인 경쟁을 유도하여 지속적인 건강 관리를 촉진합니다.

● **장점**

- 다양한 운동 프로그램 제공 및 자동 기록 기능을 갖추고 있습니다.
- 삼성 웨어러블 기기와 실시간으로 연동됩니다.
- 식단과 수면 패턴을 효율적으로 관리할 수 있습니다.
- 개인 목표에 따른 맞춤형 피드백을 제공합니다.
- 사용자 간의 커뮤니티 기능을 통해 동기 부여를 지원합니다.

● **단점**

- 비 삼성 기기 사용자에게는 기능이 제한될 수 있습니다.
- 앱 기능에 익숙해지는 데 시간이 필요할 수 있습니다.
- 데이터 개인화 수준이 부족하다고 느껴질 수 있습니다.

⑤ 온톨 (Ontol)

건강검진 결과를 이해하기 쉽도록 AI가 해석해주는 앱입니다. 검사 결과지를 사진으로 찍어 업로드하면 분석된 내용을 제공합니다. 커뮤니티 및 상담 서비스도 이용할 수 있습니다.

● **장점**

- 스마트 데이터 분석을 통해 맞춤형 건강 목표를 설정할 수 있습니다.
- 실시간 피드백과 동기 부여 기능을 제공합니다.
- 건강 상태 점검을 위한 정기 알림을 제공합니다.

● **단점**

- 데이터 입력 과정이 번거로울 수 있습니다.
- 초보 사용자에게 결과 해석이 복잡하게 느껴질 수 있습니다.
- AI 분석 결과의 신뢰도에 대한 의문이 있을 수 있습니다.

다이어트 및 영양 관리 앱

6 다이어트 카메라 AI

불편한 텍스트 입력 대신 사진 촬영만으로 인공지능이 칼로리를 계산하는 앱입니다. AI가 계산한 칼로리 및 식사 패턴 분석을 통해 식습관을 개선할 수 있습니다. 매일 같은 시간에 사진을 찍으면 AI가 전날과 비교한 변화를 표시합니다. 한 사용자는 이를 활용해 3개월 동안 5kg 감량에 성공했다고 합니다. 또한 목표 달성 시 보상 시스템을 통해 사용자에게 동기를 부여합니다.

● 장점
- 체형 변화를 시각적으로 비교할 수 있습니다.
- AI 분석을 통한 맞춤형 계획을 제공합니다.
- 음식 및 건강 관련 다양한 정보를 제공합니다.

● 단점
- 촬영 방식에 따라 데이터 정확도가 달라질 수 있습니다.
- 개인 정보 보호와 관련된 우려가 있을 수 있습니다.
- AI 분석의 한계로 정확도가 부족할 수 있습니다.

7 필라이즈 (Pillize)

다이어트, 영양제, 식단, 혈당 관리에 특화된 통합 건강 관리 앱입니다. 필라이즈는 사용자에게 데이터 기반의 영양제 추천과 함께 영양 상태에 대한 심층 리포트를 제공합니다.

● 장점
- 다이어트 및 영양제 관리에 필요한 기능을 제공합니다.
- 맞춤형 식단 및 영양제를 추천합니다.
- 영양 상태 분석 및 심층 리포트를 제공합니다.

● 단점
- 데이터 입력 과정이 번거로울 수 있습니다.
- 일부 기능은 유료 서비스가 필요합니다.
- 특정 제품 중심의 추천이 제한적일 수 있습니다.

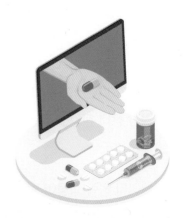

8 드시모네몰

유산균 및 영양제 관리를 돕는 AI 기반 앱으로, 복용 시간 알림 및 맞춤형 건강 정보를 제공합니다. 드시모네몰은 또한 사용자 리뷰 데이터를 기반으로 제품 선택을 돕는 기능을 추가로 제공합니다. 이 앱은 특히 경쟁 앱과 달리 사용자 리뷰와 건강 데이터의 상관관계를 분석해 개인 맞춤형 제품 추천의 정확도를 높이는 것이 특징입니다.

예를 들어, 특정 유산균 제품의 효과를 사용자 건강 데이터를 통해 검증하고, 이 결과를 바탕으로 최적의 영양제를 추천합니다.

● **장점**
- 영양제 복용 관리와 맞춤형 제품 추천 기능을 제공합니다.
- 건강 상태를 분석해 최적의 제품 조합을 제공합니다.
- 사용자 리뷰를 바탕으로 제품 선택을 지원합니다.
- 리뷰와 건강 데이터를 결합해 추천 기능을 제공합니다.

● **단점**
- 특정 브랜드 중심으로 제한될 수 있습니다.
- 다양한 건강 관리 앱과의 통합성이 낮습니다.
- 복용 데이터의 실시간 동기화 기능이 부족할 수 있습니다.

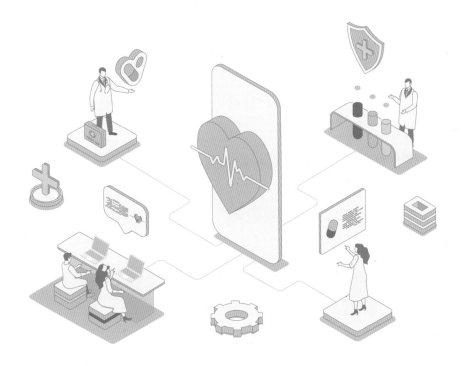

AI 건강 상담 및 루틴 관리 앱

9 어떠케어 (OttoCare)

간단한 증상 입력만으로 건강 상태를 점검하고 질병 가능성을 예측할 수 있는 AI 기반 앱입니다. 초기 건강 관리에 유용하지만, 드문 질병이나 복잡한 증상에 대한 분석에는 한계가 있습니다. 또한, 어떠케어는 사용자에게 다양한 대체 건강 관리 방안을 제시하여 선택의 폭을 넓혀줍니다.

● 장점
- 전국 9천 개 건강검진 센터에서 진행하는 종합건강검진 및 국가건강검진(일반건강검진, 국민건강검진)에 대한 정보를 확인할 수 있습니다.
- 복잡한 건강검진 예약을 모바일에서 간편하게 진행할 수 있습니다.
- 음식 사진을 찍으면 칼로리와 탄단지 비율을 분석해 하루 동안의 영양 상태를 확인할 수 있습니다.

● 단점
- 심층적인 정보 제공에 한계가 있습니다.
- 추가 데이터 입력이나 업데이트가 필요할 수 있습니다.
- 특정 질병에 대한 정보가 제한적일 수 있습니다.

10 헬피 (Helpy)

개인 맞춤형 건강 루틴 설정과 실천을 돕는 앱으로, 사용자의 생활 습관 개선에 초점을 맞추고 있습니다. 헬피는 사용자의 루틴 준수도를 평가하여 개선점을 제안하는 기능을 제공합니다.

● 장점
- 간단한 목표 설정과 알림 기능을 제공합니다.
- 생활 습관 개선을 위한 맞춤형 추천을 제공합니다.
- 루틴 준수도를 평가하고 개선점을 제안합니다.

● 단점
- 효과를 확인하기까지 시간이 걸릴 수 있습니다.
- 지속적인 알림이 사용자에게 부담이 될 수 있습니다

11 헬시어 (Healthier)

초기 증상 분석과 건강 상담을 제공하며, 사용자 맞춤형 관리 방안을 제안하는 AI 기반 건강 앱입니다. 데이터 기반 건강 예측을 통해 잠재적인 건강 위험 요소를 조기에 발견할 수 있도록 돕습니다. 예를 들어, 한 사용자는 헬시어를 통해 심혈관 질환의 위험도를 분석받고, 이를 토대로 생활 습관을 개선하며 추가 검사를 권장받아 건강 문제를 조기에 해결할 수 있었다는 사례를 남겼습니다.

● 장점
- 초기 증상 파악과 맞춤형 상담을 제공합니다.
- 사용자의 건강 목표에 맞는 관리 계획을 추천합니다.
- 건강 위험 요소를 조기에 발견할 수 있습니다.

● 단점
- 의료 전문가의 심층 상담을 완전히 대체하기 어렵습니다.
- 사용자 입력 데이터에 따라 분석 정확도가 달라질 수 있습니다.
- 일부 사용자에게 예측 기능의 신뢰도가 명확하지 않을 수 있습니다.

공공 서비스 및 지역 특화 앱

12 손목닥터 9988

서울 시민을 대상으로 건강 정보를 수집하고 분석하여 예방적 건강 관리에 기여하는 앱입니다. 2025년까지 경기도와 인천 지역으로 서비스를 확장하는 계획이 검토 중이며, 이를 통해 더 많은 사용자가 혜택을 누릴 수 있을 것으로 기대됩니다. 또한, 지역 커뮤니티와 협력하여 맞춤형 건강 정보를 제공하고, 공공 보건소와 연계한 건강 캠페인을 진행할 예정입니다.

● 장점
- 서울 시민을 위한 맞춤형 건강 정보를 제공합니다.
- 무료 서비스로 접근이 용이합니다.
- 지역 커뮤니티와 협력하여 맞춤형 정보를 제공합니다.

● 단점
- 서울 시민만 이용 가능하여 지역적 제한이 있습니다.
- 기능 제한으로 인해 심층적인 건강 관리가 어렵습니다.
- 데이터의 정확도와 분석 범위가 제한적일 수 있습니다.

1. AI를 활용한 자기소개서 작성의 주요 이점은 무엇인가요?

① 자기소개서를 대신 제출해 준다.

② 시간과 노력을 절약하며, 직무 맞춤형 문구를 생성한다.

③ 모든 내용을 자동으로 복사하여 저장한다.

④ 채용 공고를 대신 찾아준다.

2. 자기소개서 작성 시 필요한 첫 번째 단계는 무엇인가요?

①직무에 필요한 핵심 정보를 정리한다.

② 모든 항목을 AI에게 맡긴다.

③ 학력을 중심으로 작성한다.

④ 포트폴리오를 자동으로 업로드한다.

3. AI 도구를 활용한 자기소개서 작성에서 '경력 섹션'의 핵심은 무엇인가요?

① 과거 근무한 모든 회사명을 나열한다.

② 성과 중심의 구체적인 문구를 작성한다.

③ 간단하게 직무만 언급한다.

④ 기술과 관련 없는 정보를 추가한다.

4. 굿닥(GoodDoc)의 주요 장점은 무엇인가요?

① 병원 예약과 접수를 쉽게 처리할 수 있다.

② 건강 데이터를 시각화해 분석한다.

③ 운동 목표를 공유하고 동기 부여를 제공한다.

④ 유산균 복용 시간을 알림으로 관리한다.

5. 삼성 헬스(Samsung Health)의 강점으로 알맞은 것은 무엇인가요?

① 운동 기록과 심박수를 실시간으로 동기화할 수 있다.

② 병원 예약 및 진료 대안을 추천한다.

③ 유산균 효과를 분석하여 영양제를 추천한다.

④ 칼로리를 자동 계산하는 카메라 기능 제공

6. 다이어트 카메라 AI의 주요 기능은 무엇인가요?

① 운동 기록과 식단을 분석한다.

② 건강검진 결과를 해석하여 맞춤형 건강 목표를 설정한다.

③ 유산균 제품 리뷰를 기반으로 추천한다.

④ 사진 촬영만으로 음식의 칼로리를 계산한다.

정답   1.② 2.① 3.② 4.① 5.① 6.④